国家级高基地项目建设成果教材
职业教育技能型实用人才培养规划教材

XINNENGYUAN QICHE

新能源汽车维护与保养

WEIHU YU BAOYANG

主　编　罗宏亮　汪　亮　李小燕
副主编　周如意　任金花　李葆华
参　编　张　余

西南交通大学出版社
·成　都·

图书在版编目（C I P）数据

新能源汽车维护与保养 / 罗宏亮，汪亮，李小燕主编. —成都：西南交通大学出版社，2019.12（2024.1 重印）
国家级高基地项目建设成果教材　职业教育技能型实用人才培养规划教材
ISBN 978-7-5643-7265-1

Ⅰ. ①新… Ⅱ. ①罗… ②汪… ③李… Ⅲ. ①新能源 – 汽车 – 车辆修理②新能源 – 汽车 – 车辆保养 Ⅳ. ①U469.7

中国版本图书馆 CIP 数据核字（2019）第 272041 号

国家级高基地项目建设成果教材
职业教育技能型实用人才培养规划教材
Xinnengyuan Qiche Weihu yu Baoyang
新能源汽车维护与保养
主编　罗宏亮　汪　亮　李小燕

责任编辑　李　伟
封面设计　何东琳设计工作室

出版发行　西南交通大学出版社
（四川省成都市金牛区二环路北一段 111 号
西南交通大学创新大厦 21 楼）
邮政编码　610031
营销部电话　028-87600564　028-87600533
网址　http：//www.xnjdcbs.com
印刷　成都蜀通印务有限责任公司

成品尺寸　185 mm × 260 mm
印张　9.5
字数　228 千
版次　2019 年 12 月第 1 版
印次　2024 年 1 月第 5 次
定价　36.00 元
书号　ISBN 978-7-5643-7265-1

课件咨询电话：028-81435775

国家级高基地项目建设
教材编写委员会

主　任　李　灿　彭　超

副主任　钟晓芬　田跃红

委　员（以姓氏拼音排序）

蔡　继　何秀平　蒋　勇　康元博　李葆华　李小燕

李　怡　刘方一　罗宏亮　任金花　生庆月　孙纪胜

孙　静　唐艳红　童思伟　汪　亮　王　宣　吴　刚

袁　佳　张　波　张　余　郑　智　周继海　周　强

周如意　周益权

总　序

劳动者素质对一个国家、一个民族发展至关重要。技术工人队伍是支撑中国制造、中国创造的重要基础，对推动经济高质量发展具有重要作用。加强交通运输行业人才队伍建设，打造素质优良的交通劳动者大军，是推进交通强国建设的重要支撑。

2017 年 12 月，重庆市公共交通客车驾驶学校（重庆市公共交通技工学校）成功入选国家级高技能人才培训基地建设单位，立足交通运输行业，重点建设轨道运营、汽车维修和汽车驾驶三个专业。经过为期两年的建设，学校在课程改革和教材建设上取得了可喜成绩，为进一步总结经验，固化成果，特组织骨干教师编写了三门优质课程配套教材，并交由西南交通大学出版社出版。

本系列教材是在相关企业专家的悉心指导和参与下完成的。教材以强化学生职业能力和培养综合素质为主线，以工作过程为导向，以典型工作任务和生产项目为载体，立足行业岗位要求，参照相关职业资格标准和行业技术标准，遵循技工院校学生成长规律、技工教育规律和行业生产规律进行开发建设。教材按照项目导向、任务驱动、情景模拟等教学模式要求，构建相关学习任务，注重学生可持续发展能力、创新能力、综合技术能力的培养，具有典型的工学结合特征。

本系列教材是重庆市公共交通客车驾驶学校（重庆市公共交通技工学校）不断深化教学改革的结果，更是国家级高技能人才培训基地建设的一项重要成果，其中凝聚了各位编审人员和行业专家的大量心血与智慧；同时，在编写过程中得到了有关兄弟院校的大力支持，在此一并表示诚挚感谢！希望该系列教材的出版能有助于促进相关专业人才培养质量的提高，能为交通运输类职业院校的教材建设起到积极的引领和示范作用。

本系列教材涉及专业面广，加之编者对现代职业教育理念的学习和认知仍需不断改进和提高，因此书中难免存在不妥之处，恳请专家、同行不吝赐教，以促使我们不断提高教材编写的质量和水平。

李灿

2019年9月

前言 PREFACE

近年来，新能源汽车作为国家战略性新兴产业，得到了快速发展。新能源汽车后服务市场对新能源汽车维修技术人员的需求越来越大，而市面上涉及该市场的参考书籍相对较少。为满足新能源汽车市场对新能源汽车维修人才的需求，深入贯彻《国务院关于加快发展现代职业教育的决定》（国发〔2014〕19 号）和全国职业教育工作会议精神，加强优质职教资源建设，我们按照职业教育发展改革要求，结合新能源汽车维修市场人才需求特点，以突出学生能力为本位，特组织人员编写本书。

本书是重庆市公共交通技工学校国家级高技能人才培训基地汽车维修专业建设成果之一。本书总结学校多年专业教学经验，结合行业、企业对新能源汽车维修人员的岗位职业能力要求，以新能源汽车维护为基础，兼顾新能源汽车保养，教学内容紧贴实际工作岗位的具体需要，以任务为驱动，文字简洁、图文并茂、形式生动，容易激发学生的学习兴趣，提高学习效果，并让学生在不断积累理论知识和实践能力的同时，逐步完成从知识入门到技能掌握的过程，实现学生职业心理角色的转换。

本书由重庆市公共交通技工学校罗宏亮、汪亮、李小燕担任主编；重庆市公共交通技工学校周如意、重庆公共运输职业学院任金花、重庆市机械高级技工学校李葆华担任副主编；宜宾职业技术学校张余参与编写。本书主要包括新能源汽车维护基础、新能源汽车电池管理系统维护与保养、新能源汽车驱动系统维护与保养、新能源汽车空调系统维护与保养、新能源汽车底盘系统维护与保养、新能源汽车整车维护与保养六大项目总计 13 个典型工作任务。

本书在编写过程中参考了大量的书籍、论文等文献资料，并引用了一些研究成果，在此对这些专家和学者表示深深的谢意。由于工作疏忽或者其他转载的原因，有一些引证参考资料未列明出处，若有此情况，在此表示十分的歉意。

本书可以作为新能源汽车维护与保养教学用书及自学教材，也可用于职业院校新能源汽车专业方向教学参考书。

限于编者水平，书中难免有不妥和疏漏之处，敬请广大学校师生提出宝贵意见和建议。

编　者

2019 年 9 月

目录 CONTENTS

项目一

新能源汽车维护基础

任务一 新能源汽车维护与保养工具的使用

任务描述

小明在某新能源汽车 4S 店进行实习，师傅接了一辆车，准备进行一级维护作业，让小明将工具车推过来，小明看见工具车里有许多他不认识的新工具。假如你是小明的师傅，为小明逐个介绍相关工具。

任务目标

（1）掌握新能源汽车维护与修理的关系。
（2）认知新能源汽车维护与保养的常见工具。
（3）熟练使用新能源汽车维护与保养的常用工具。

任务学习

一、汽车维修的概念

汽车维修是汽车维护和汽车修理的总称，就是对出现故障的汽车通过技术手段排查，找出故障原因，同时采取一定措施排除故障并将汽车恢复到一定的使用性能和安全标准的过程。

汽车维护是指定期对汽车各部分进行以清洁、检查、紧固、润滑、调整和补给六大作业为中心的作业内容。其目的在于保持车容整洁和消除故障隐患，防止车辆早期损坏。目前，汽车维护作业一般占维修企业 70%的工作量。纯电动汽车的维护与传统能源汽车略有不同，增加了动力电池系统、充电系统、直流电压变换器等总成和系统的维护。

二、新能源汽车维护的分类与周期

1. 新能源汽车维护的分类

在新能源汽车使用过程中，由于车辆技术状态及使用条件的不同，在各个时期对车辆维护的作业内容也不相同。目前，新能源汽车维护作业主要依据《汽车维护、检测、诊断技术规范》（GB/T 18344—2016）及上海市于 2018 年出台的《新能源汽车维护技术标准（试行）》，将新能源汽车维护分为定期维护和非定期维护两大类。定期维护分为日常维护、一级维护和二级维护；非定期维护分为按需维护（季节性维护）和免拆维护两大类。

2. 新能源汽车维护周期

汽车维护周期是指汽车根据车辆行驶里程或使用时间进行不同类别维护之间的间隔期。《汽车维护、检测、诊断技术规范》（GB/T 18344—2016）将汽车维护周期规定如下：

（1）日常维护的周期为出车前、行车中和收车后。

（2）汽车一、二级维护周期的确定，应该以汽车的行驶里程或时间为基本依据。汽车一、二级维护行驶里程依据车辆使用说明书的有关规定，同时依据汽车使用条件的不同，由省级交通行政主管部门规定。

（3）汽车一、二级维护时间间隔，对于不便用行驶里程统计的汽车，可用行驶时间间隔确定一、二级维护周期。其时间（天）间隔可依据汽车使用强度和条件的不同，参照汽车一、二级维护里程周期确定。

根据上海市《新能源汽车维护技术标准（试行）》地方标准，新能源汽车维护周期规定如表 1-1-1 所示。

表 1-1-1　电动汽车保养周期

序号	维修类别	营运电动汽车	非营运电动汽车
1	日常维护	每个营运工作日	略
2	一级维护	5 000～10 000 km 或 1 个月	5 000～10 000 km 或 6 个月
3	二级保养	20 000～30 000 km 或 6 个月	20 000～30 000 km 或 1 年
4	诊断维修	更换高压系统总成部件（如控制模块、高压空调压缩机等）； 维修仅限于蓄电池内独立部件更换（如高压蓄电池单元格）； 高压系统部件外观损坏、变形严禁维修更换，应报备相应主机厂	

三、新能源汽车维护工具的使用

在新能源汽车维护作业过程中，除了传统汽车的维修工具及检测设备外，新能源汽车因为有高压电路的存在，还必须要有专用的维修工具及检测设备。因篇幅有限，本书仅对新能源汽车维护作业过程中专用维修工具及检测设备予以介绍，见表 1-1-2。

表 1-1-2　新能源汽车常用维修工具及检测设备

序号	类　型	工具设备名称	规格要求	单位	备　注
1	拆装工具	绝缘工具套装	高压电维修绝缘工具，耐压 1 000 V	套	—
2	检测仪表	数字式万用表	符合 CATⅢ要求	个	如 FLUKE 系列万用表
3		数字电流钳	符合 CATⅢ要求	台	如 FLUKE321
4		高压绝缘测试仪	符合 CATⅢ要求	台	如 FLUKE1587
5	诊断仪器	专用车型诊断仪	对应车型	套	如北汽 BDS，比亚迪 ED400、ED1000
6	防护用品	绝缘台	耐压≥10 kV	台	—
7		绝缘手套	耐压≥10 kV	副	—
8		绝缘靴	耐压≥10 kV	双	—
9		护目面罩（护目镜）	耐压≥10 kV	副	—

1. 绝缘拆装工具

绝缘是指用不导电的物质（绝缘材料）将带电体隔离或包裹起来，以对触电起保护作用的一种安全措施。良好的绝缘是保证设备和线路运行的必要条件，也是防止触电事故、漏电、短路的重要措施。绝缘材料除了上述作用外还起着其他作用：散热冷却、机械支撑和固定、储能、灭弧、防潮、防霉以及保护导体等。

绝缘工具是采用绝缘材料进行加工并适用于电气系统拆装等操作的使用工具。新能源汽车涉及高压的部分零部件拆装必须使用绝缘拆装工具。绝缘拆装工具必须装有耐压 1 000 V 以上的绝缘柄。绝缘拆装工具如图 1-1-1 所示。

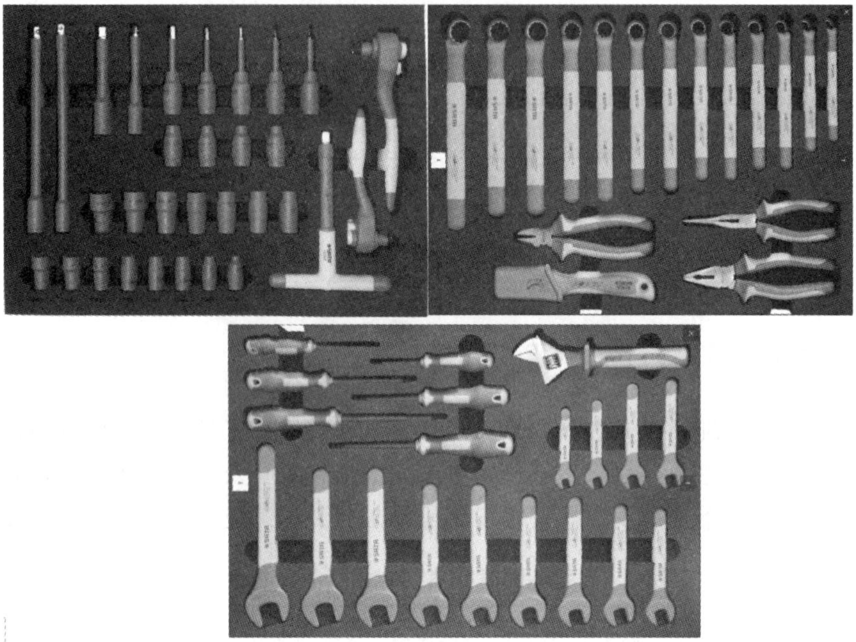

图 1-1-1　绝缘拆装工具

2. 检测仪表

新能源汽车维修中使用的检测仪表主要有数字式万用表、绝缘电阻测试仪（如手摇绝缘电阻表、高压绝缘测试仪）、钳形电流表等。

（1）数字万用表。

数字万用表应符合 CAT Ⅲ安全级别的要求，其使用方法与普通数字万用表无异，如图 1-1-2 所示。

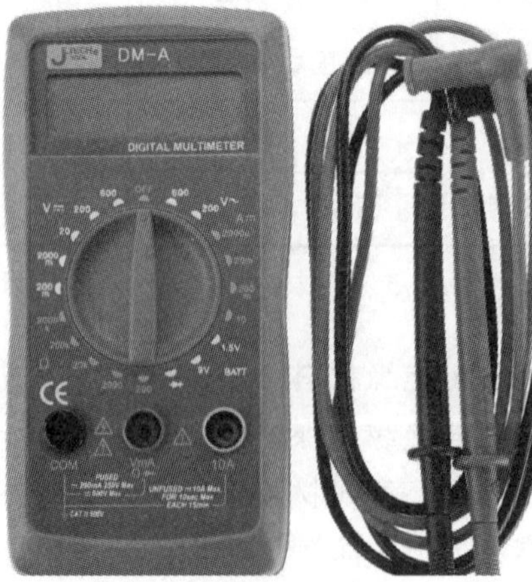

图 1-1-2　数字万用表

（2）绝缘电阻测试仪。

电动汽车的运行情况非常复杂，在运行过程中难免会出现部件间的相互碰撞、摩擦、挤压，导致高压电路与车辆底盘之间的绝缘性能下降。电源正负极引线将通过绝缘层和底盘构成漏电回路。当高压电路和底盘之间发生多点绝缘性能下降时，还会导致漏电回路的热积累效应，可能造成车辆的电气火灾。因此，高压电气系统相对车辆底盘的电气绝缘性能实时检测是电动汽车电气安全技术的核心内容。电气绝缘性能检测时需要使用专用的绝缘测试仪器，测量高压电缆及零部件对车身绝缘电阻是否位于规定值范围内。

最常用的测试仪器就是绝缘电阻表，但是其他类型的仪器也可以用来检查不同绝缘类型的完整性。绝缘电阻测试仪器在实际工作中一般被分类为绝缘电阻测试仪。这类仪器中，一些测试仪器是多功能的，除了绝缘电阻测试外，还可以用来进行其他测量。利用数字式万用表（DMM）、绝缘电阻表、绝缘测试多用表或耐压测试仪都可以完成绝大多数的绝缘测试。所有这些仪器虽具有不同的名称，但都可以被称为绝缘电阻测试仪。图 1-1-3 所示为绝缘电阻表。

图 1-1-3　绝缘电阻表

选用绝缘电阻表时，规定绝缘电阻表的电压等级应高于被测物的绝缘电压等级。测量额定电压在 500 V 以下的设备或线路的绝缘电阻时，可选用 500 V 或 1 000 V 绝缘电阻表；测量额定电压在 500 V 以上的设备或线路的绝缘电阻时，应选用 1 000 ~ 2 500 V 绝缘电阻表；测量绝缘子时，应选用 2 500 ~ 5 000 V 绝缘电阻表。一般情况下，测量低压电气设备绝缘电阻时可选用 0 ~ 200 MΩ量程的绝缘电阻表。

（3）钳形电流表。

在新能源汽车维修与诊断时，经常会需要测量导线中的电流。由于驱动系统的导线（如逆变器与电动机之间）存在较大的交变电流，必须使用钳形电流表进行间接测量，如图 1-1-4 所示。

图 1-1-4　钳形电流表

3. 故障诊断仪器

汽车电控系统诊断仪器用于对应车型的故障诊断，也称解码器、故障扫描仪等。不同车型采用的诊断仪器也不同。诊断仪器应能与被检测车辆的控制模块通信，如图 1-1-5 所示。

图 1-1-5　新能源汽车诊断仪

任务准备

实训整车、相应工具、安全防护装置。

任务训练

安全防护装置的使用：

（1）绝缘手套/皮手套（见图 1-1-6）用前检查与操作中使用注意事项。

（2）安全帽/绝缘鞋（见图 1-1-7）用前检查与操作中使用注意事项。

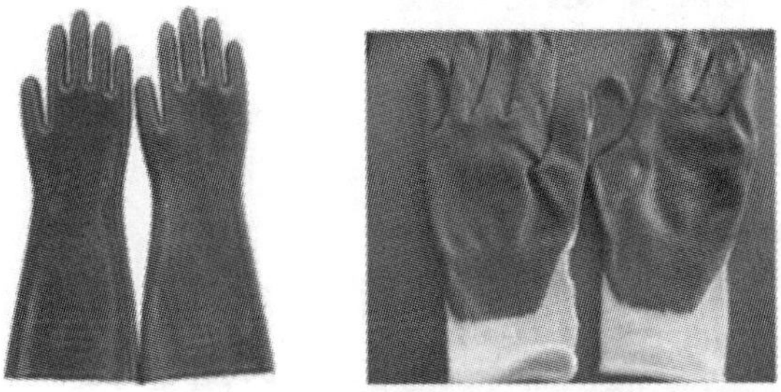

图 1-1-6　绝缘手套/皮手套

图 1-1-7　安全帽/绝缘鞋

（3）标识牌/遮拦，如图 1-1-8 所示。

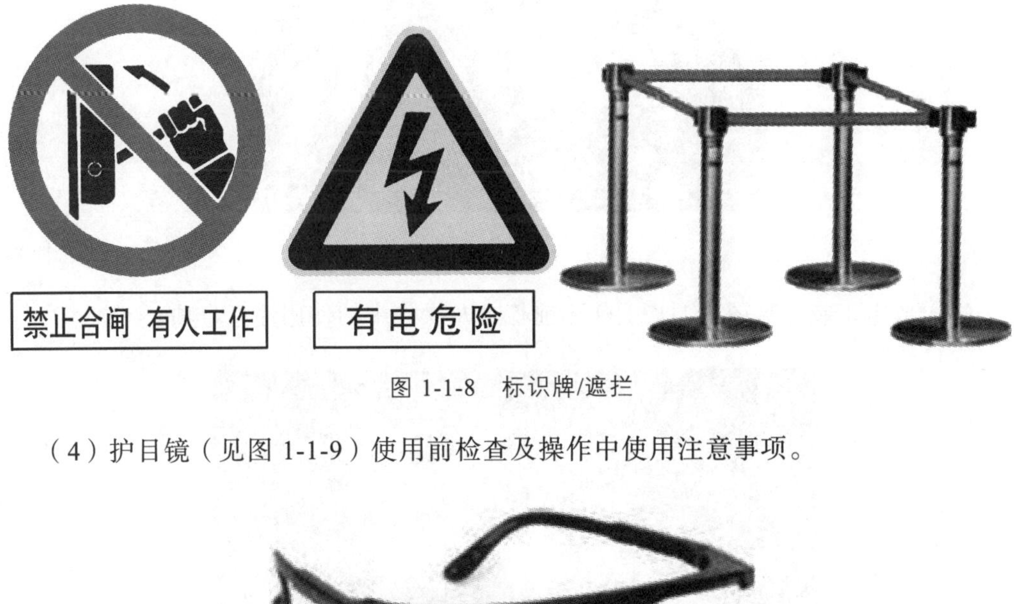

图 1-1-8　标识牌/遮拦

（4）护目镜（见图 1-1-9）使用前检查及操作中使用注意事项。

图 1-1-9　护目镜

（5）绝缘垫（见图 1-1-10）使用前检查及操作中使用注意事项。

图 1-1-10　绝缘垫

（6）绝缘工具（见图 1-1-11）使用前检查及操作中使用注意事项。

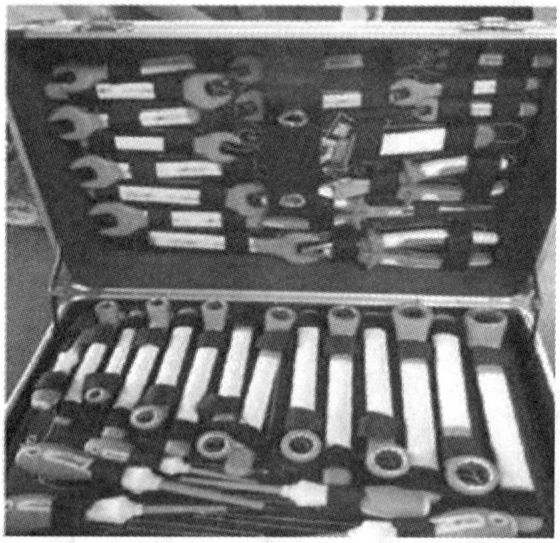

图 1-1-11　绝缘工具

（7）放电工装（见图 1-1-12）使用前检查及操作中的使用注意事项。

图 1-1-12　放电工装

任务拓展

CAT 等级

根据国际电子电工委员会 IEC1010-1 的定义，我们把电工工作的区域分为 4 个等级，分别称作 CATⅠ、CATⅡ、CATⅢ和 CATⅣ。CAT 等级是向下单向兼容的，也就是说，一块 CATⅣ的万用表在 CATⅠ、CATⅡ和 CATⅢ下使用是完全安全的，但是一块 CATⅠ的万用表在 CATⅡ、CATⅢ、CATⅣ的环境下使用就不能保证安全了。

CAT 等级意味着对客户的人身安全承诺，它不仅仅是耐高压等级。CAT 等级严格规定了电气工作人员在不同级别的电气环境中可能遇到的电气设备的类型以及在这样的区域中工作所使用的测量工具必须要遵循的安全标准。对于万用表、钳形表、过程校准仪表等手持表来说，它们所标注的 CAT 等级表明了它们各自所归属的最高的“安全区域”，CAT 后面的电压数值则表示了它们能够受到电压冲击的上限。

万用表、钳形表、过程校准仪表在说明书和表体上标称了其 CAT 等级和耐压值，并且整个表体的电子、机械、保护电路、耐压设计都严格遵守 CAT 等级的要求。经过上万次的安全测试，保证仪表符合这个标称，100%保证在标称的 CAT 环境下使用仪表的安全性，100%保证仪表能够承受所标称的高压冲击，且不会对人体产生任何伤害。

任务二　新能源汽车维护与保养场地及环保条件

任务描述

小明在某新能源汽车 4S 店进行实习，发现该 4S 店的布局与他前期认知实习所在的传统燃油汽车 4S 店布局有些不同。假如你是小明的师傅，请为小明介绍新能源汽车 4S 店的相关情况。

任务目标

（1）掌握新能源汽车维护保养场地条件要求。

（2）掌握新能源汽车4S店环保条件要求。

（3）能正确处理新能源汽车维护与保养作业中的废液、废弃物。

（4）能安全、正确使用新能源维护车间用电。

任务学习

一、新能源汽车维护与安全操作规范

目前，新能源汽车广泛采用动力电池作为驱动能源，其动力系统采用高电压，因此，维护保养过程中一定要坚持“以人为本，安全第一”的原则。在进行纯电动汽车维护与保养作业前，应严格做到以下几点：

（1）新能源汽车高压操作人员必须具有相应的操作资质（如高压电工证），严禁没有操作资质的人员对新能源汽车高压系统进行操作；在操作人员上岗前，必须对其进行安全操作培训，严格执行安全操作规范。

（2）维护保养场地周边不得有易燃物品及与工作无关的金属物品，特别是动力蓄电池的存放和维护保养场地；无关人员和未经过高压安全培训的人员，不允许进入场地对电动车辆进行调试维护。

（3）维护保养人员必须佩戴必要的防护工具，如绝缘手套、绝缘鞋和绝缘帽等。不得佩戴金属饰物，如手表、戒指等，工作服衣袋内不得有金属物件，如钥匙、金属壳笔、手机和硬币等。

（4）与工作无关的工具不得带入工作场地；必须使用的金属工具，手持部分须做绝缘处理，优先使用绝缘工具。

（5）维护保养现场整车高压上电时，必须两人以上进行，一人操作，另一人监护。

（6）当整车故障必须拖车时，一定要把挡位置于空挡，以防止驱动电机超速发电，高压击穿电机控制器和其他高压部件。当不能挂空挡或者不能确定挡位时，必须卸下传动轴或者半轴，以确保驱动电机不超速运转发电。拖车车速不得超过15 km/h。

（7）维护保养过程中应严格遵循先低压后高压、先常规项后高压项的顺序。如需要对高压部件进行移除或安装，在操作前必须测量部件输入输出高压接口端的电压及高压接口中正、负极端子分别对车身搭铁的电压，确保在无电压的情况下方可操作。若高于安全电压，应进行放电处理并验电。

二、高压保护用具使用规范

高压保护用具主要包括高压维修工具及个人防护用品。下面主要介绍个人防护用品的使用规范。个人防护用品是指防止触电的个人防护设备，主要包括绝缘手套、电绝缘防护服（非化纤材质的衣服）、绝缘鞋、护目镜以及绝缘地垫等，如图 1-2-1 所示。

图 1-2-1　个人防护用品

1. 绝缘手套

绝缘手套（见图 1-2-2）是用天然橡胶制成的，起到对人的保护作用，具有防电、防油、耐酸碱等功能。绝缘手套主要在高压电器设备操作时使用，如动力电池高压回路放电、验电，高压部件的拆装。绝缘手套最长使用时间不得超过 6 个月，以防橡胶老化。绝缘手套铭牌上有最大使用电压，电压值越大，手套越厚。根据测量实物的最大电压值选择绝缘手套。

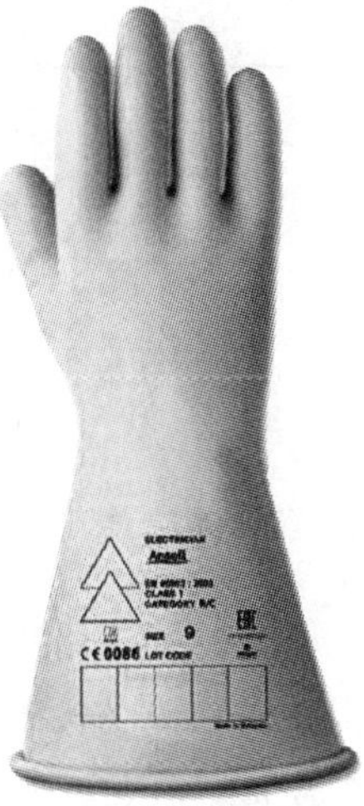

图 1-2-2　绝缘手套铭牌

使用绝缘手套时应注意：

（1）使用绝缘手套前必须进行充气检验气密性，如图 1-2-3 所示，发现有任何破损，则不能使用。

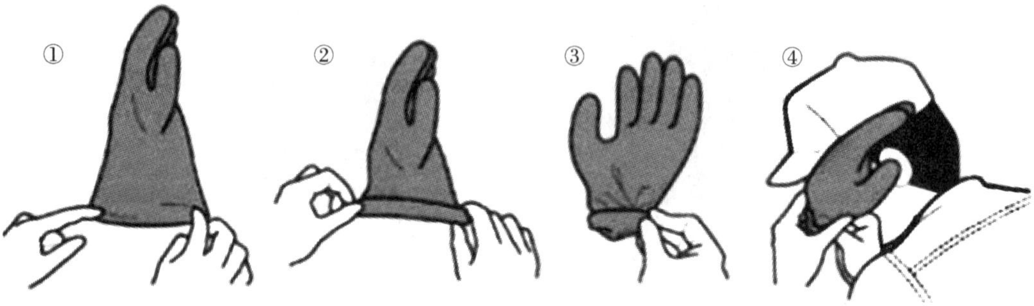

图 1-2-3　气密性检查

（2）当戴绝缘手套作业时，应将衣袖口放进手套筒内，以防发生意外。

（3）绝缘手套使用完后，应将内外擦洗干净，待干燥后，撒上滑石粉放置平整，以防受压、受损，且不能放置于地上。

绝缘手套使用与检查流程如图 1-2-4 所示。

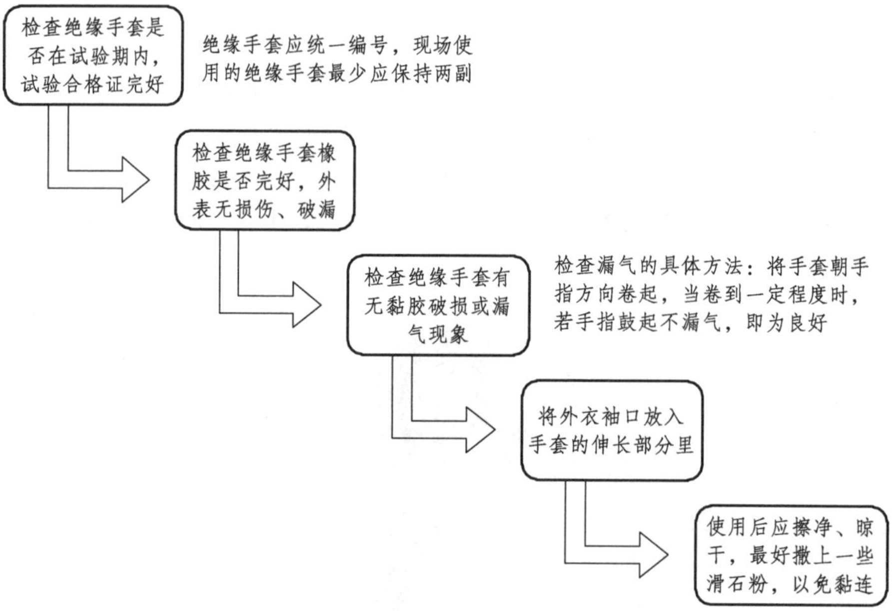

图 1-2-4　绝缘手套使用与检查流程

2. 绝缘鞋

绝缘鞋（见图 1-2-5）是高压操作时使人与大地绝缘的防护用具，一般在较潮湿的场所使用。穿绝缘鞋前需检查鞋面有无划痕、鞋底有无断裂、鞋面是否干燥。绝缘鞋应放在干燥、通风处，不能随意乱放，并且避免接触高温、尖锐物和酸碱油类物质。

图 1-2-5　绝缘鞋

绝缘鞋使用与检查流程如图 1-2-6 所示。

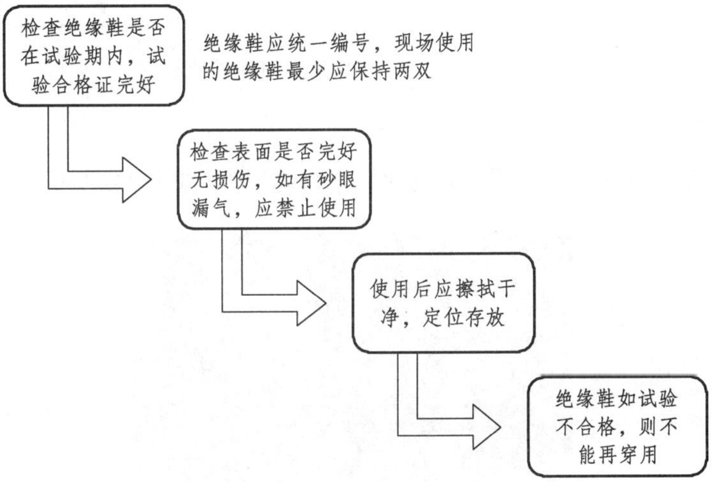

图 1-2-6　绝缘鞋使用与检查流程

3. 护目镜

检查和维护电动车时需要佩戴护目镜，如图 1-2-7 所示，主要用于防御电器拉弧产生的电火花对眼睛的损伤。使用前，需要对护目镜进行检查，看护目镜有无裂痕、损坏。

图 1-2-7　护目镜

护目镜的使用与保管流程如图 1-2-8 所示。

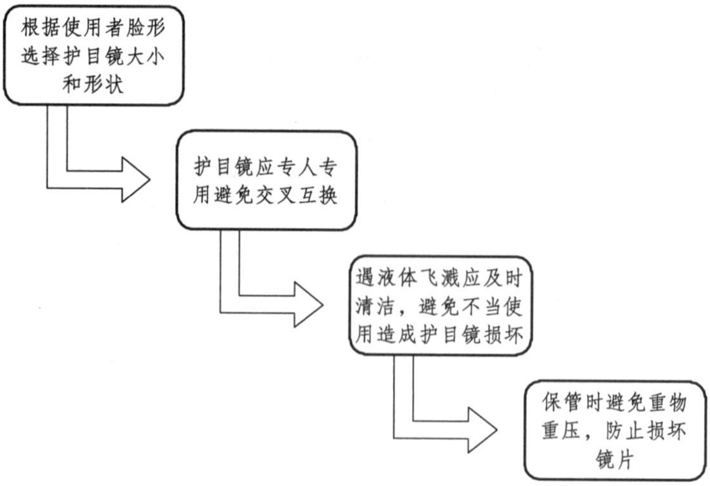

图 1-2-8　护目镜的使用与保管流程

4. 绝缘服

绝缘服主要用于维护人员带电作业时的身体防护，如图 1-2-9 所示。

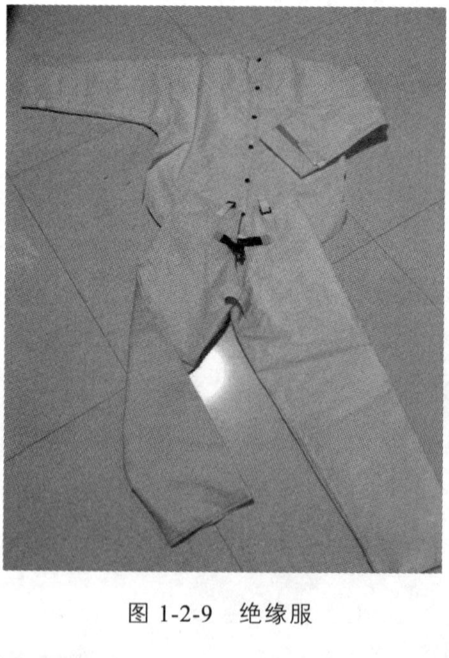

图 1-2-9　绝缘服

5. 绝缘垫

绝缘垫（见图 1-2-10）是具有较大电阻率和耐电击穿的胶垫，主要在电动汽车维护时用于地面的铺设，起到绝缘的作用。在雨季湿度大或者地面潮湿时，绝缘垫就更加重要了。

图 1-2-10 绝缘垫

三、纯电动新能源汽车高压互锁系统

纯电动汽车的高电压主要在运行期间、充电期间以及动力蓄电池 3 种状态下存在。因此，在进行纯电动汽车维护与保养时，必须进行断电操作；在完成维护与保养作业后，需进行上电操作。

北汽 EV160 高压部件主要有：动力电池、高压盒、电机控制器、车载充电机、DC/DC 变换器、空调压缩机和空调 PTC，如图 1-2-11 所示。为提高辨识度，高压线束通常用采用橘红色，见表 1-2-1。

图 1-2-11 纯电动汽车主要高压部件

表 1-2-1　纯电动汽车高压线束分布

序号	名　称	起　点	终　点
1	动力电池高压电缆	动力电池	高压盒
2	电机控制器高压电缆	高压盒	电机控制器
3	快充线束	快充接口	高压盒
4	慢充线束	慢充接口	车载充电机
5	高压附件线束	高压盒	DC/DC 变换器
			车载充电机
			空调压缩机
			空调 PTC

为提高纯电动汽车高压系统的安全性，确保高压系统的完整性，使其处于一个封闭的环境中，纯电动汽车一般设置有高压互锁系统，将高压系统封闭在一个完整的回路中，通过使用电气信号来检查整个高压系统的电气完整性及连续性，识别回路异常断开，及时断开高压电，如图 1-2-12 所示。

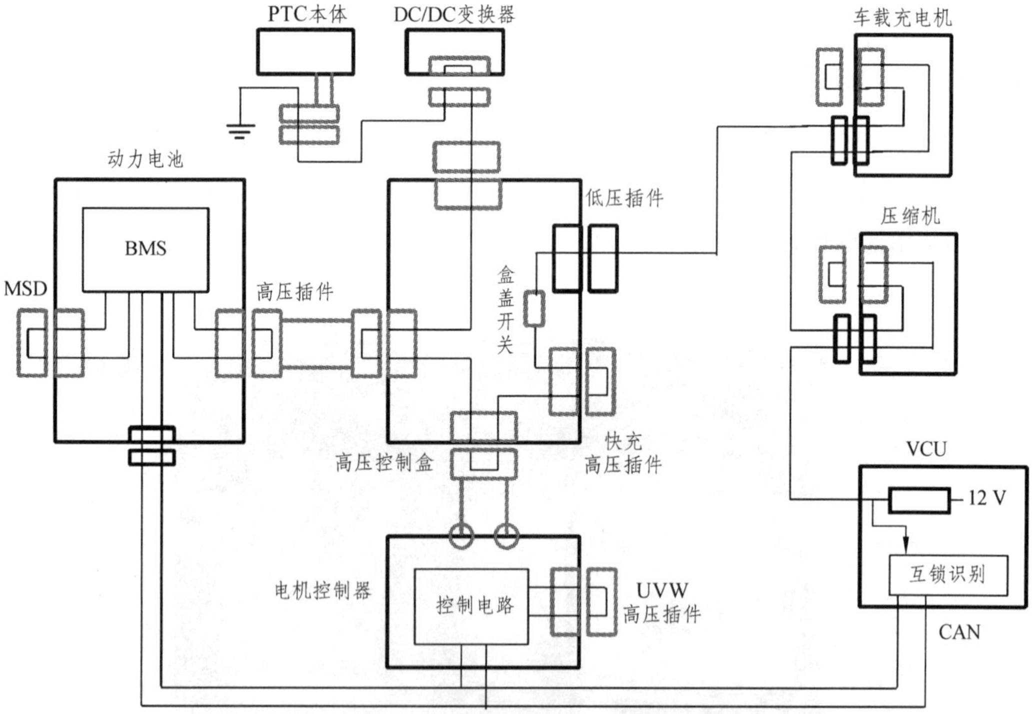

图 1-2-12　高压互锁系统结构原理

北汽 EV160 纯电动汽车高压互锁系统主要由动力电池部分、电机控制部分以及其他高压设备等组成。

1. 动力电池部分

这部分监测动力电池内部回路的完整性，监测维修开关及动力电池插接器是否开启（断开），BMS 根据监测到的信号直接控制动力电池高压正极母线继电器的通断，同时信号通过 CAN 总线通知 VCU，VCU 控制动力电池高压负极母线继电器的通断。

2. 电机控制部分

这部分监测电机控制器内部回路的完整性，监测电机控制器 UVW 三相插头是否开启（断开），电机控制器控制电路根据监测到的信号通过 CAN 总线通知 BMS 和 VCU，BMS 和 VCU 控制动力电池高压正负极母线继电器的通断。

3. 其他高压设备

这部分监测其他高压设备回路的完整性，监测高压控制盒盖、高压附件线束插头、电机控制器供电插头、电动压缩机供电插头、车载充电机供电插头、DC/DC 变换器供电插头、PTC 加热器芯供电插头、快充线束插头是否开启（断开）。VCU 根据监测到的信号直接控制动力电池高压负极母线继电器的通断，同时信号通过 CAN 总线通知 BMS，BMS 控制动力电池高压正极母线继电器的通断。

任务准备

（1）警示标志、警示隔离带；
（2）安全绝缘用具、普通数字万用表；
（3）车辆、台架、总成；
（4）放电工装。

任务训练

实训步骤：

（1）检查实训场地，确认符合操作环境，警示牌、绝缘垫、隔离桩、绝缘辅助用具、绝缘基本用具、专用检测仪器仪表外观检查及功能性检查逐一就位，并穿戴好个人绝缘安全护具，如图 1-2-13 所示。

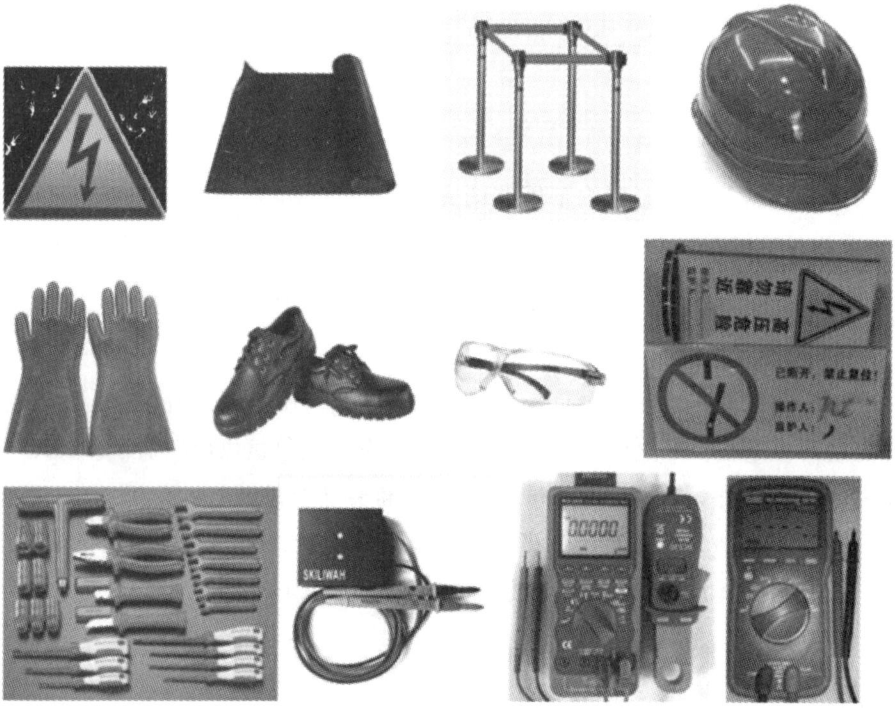

图 1-2-13　个人绝缘安全护具和实训用具及仪表

（2）钥匙置于 OFF 挡，并妥善保管，严禁置于他人可触及处，如图 1-2-14 所示。

图 1-2-14　钥匙挡位

（3）断开低压蓄电池负极连接，绝缘处理并静置 2 min（设置标牌），如图 1-2-15 所示。

图 1-2-15　低压蓄电池处理

（4）断开维修开关（35 针低压插头），并妥善处理，严禁置于他人易触及处，如图 1-2-16 所示。

图 1-2-16　断开维修开关（35 针低压插头）

（5）举升车辆到适合高度，注意举升器落锁，拆除高压电池连接器遮板，如图 1-2-17 所示。

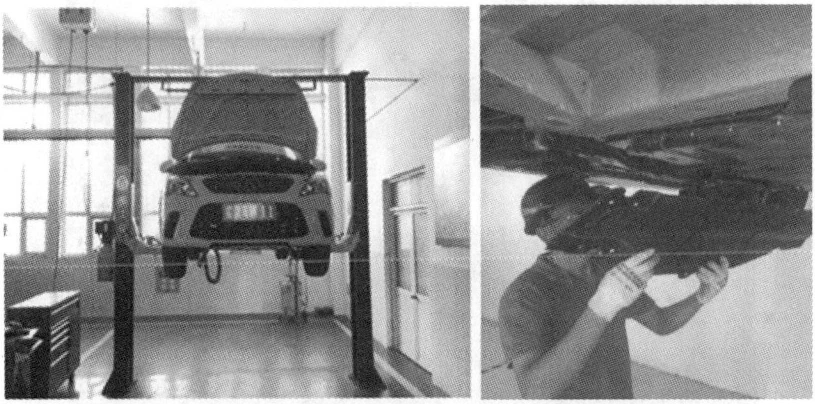

图 1-2-17　举升车辆、拆除遮板

（6）找出高压线束和控制线束。特别需要说明的是，需要先断开控制线束，再断开高压线束（黑色线束为负极线，橙色线束为正极线），如图 1-2-18 所示。

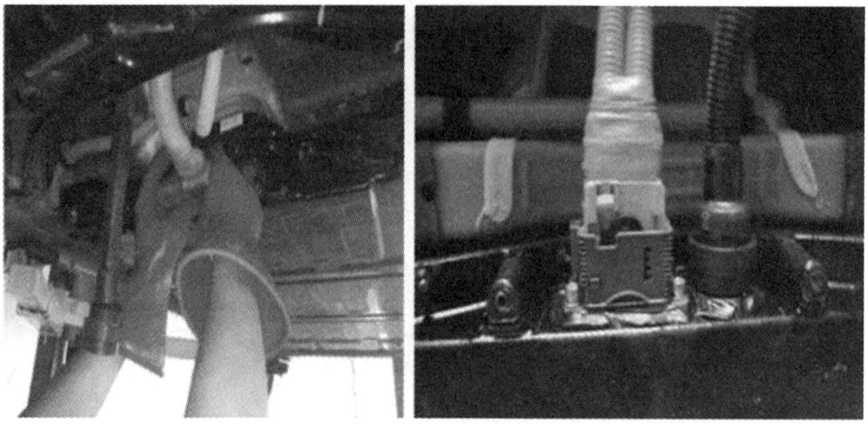

图 1-2-18　断开动力电池连接线束

注意：动力电池外有 3 个卡扣，插入时把插头对准插座，插好后把接插件护套推到插座根部；把蓝色锁扣推回锁止位置。

（7）高压插头验电、放电、再验电，如图 1-2-19 所示。步骤如下：

① 用万用表对动力电池正、负极测量输出电压，正常值应为 0 V。

② 对电池箱电池端的高压正、负极连接器进行放电。

③ 对高压线束端的正、负极连接器进行放电操作。

④ 用万用表测高压线束两端的电压，确认电压为零。

图 1-2-19　高压插头验电、放电、再验电

（9）高压插头上锁绝缘防护处理，如图 1-2-20 所示。

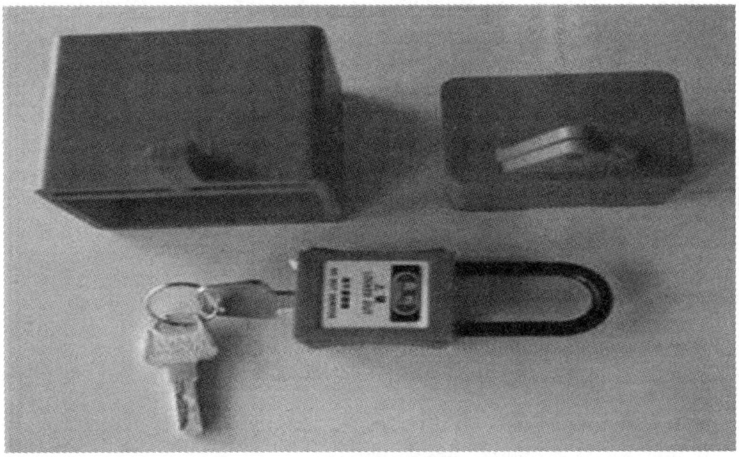

图 1-2-20　插头绝缘防护处理

（10）高压安全上电操作，按拆装的相反顺序依次装回。

任务拓展

维修车间安全事项

一、电动汽车维修车间安全管理

电动汽车维修专用车间的安全管理，除了普通车间的安全要求外，必须注意以下事项：

1. 车辆焊接维修

（1）首先要切断低压电源和动力电池插头。

（2）操作人员要具备特种作业操作证。

（3）清理周围易燃物品。

（4）做好车身的保护，预防飞溅及着火。

（5）严格按照焊接工艺进行操作。

2. 火灾的隐患排查与处置

（1）火灾发生将产生不可估量的危害，因此，必须预防车辆自燃等火灾的发生，及时处理机舱内的油污、接插件松动或线束老化等隐患。

（2）火灾发生后不要惊慌，要及时采取正确的方法灭火，将火灾消灭在萌芽状态。首先要切断电源，所有人员立即离开车辆并站在远离车辆的上风。

（3）经常检查车上的灭火器是否在固定的位置，是否在有效期内。要充分了解灭火器的性质和使用方法，并在采取救火措施的同时立刻报警。

（4）常用的车载灭火器都是干粉的，以高压为动力，由喷射筒内的干粉进行灭火。

二、高压车间场地与设施要求

工作环境的好坏将直接影响事故的发生概率。新能源汽车维修车间的场地与设施在使用面积、采光、照明、干燥、通风、防火、卫生等方面比普通汽车维修车间要求要高，同时还要增加安全标志及高压安全防护规定。

任务三　新能源汽车新车交付检查

任务描述

小明实习所在的某新能源汽车 4S 店今天售出一辆新车，师傅带着小明去进行交付检查，小明咨询师傅新车交付需要注意哪些内容。假如你是小明的师傅，请为他讲解并进行指导。

任务目标

（1）掌握新车交付检查中的重点检查内容。

（2）能对新车各功能进行正确操作。

（3）能根据结果正确填写检查记录单。

任务学习

一、新车交付检查的类别及目的

新车交付检查是新车送交顾客之前进行的全面检查，简称 PDI（Pre-Delivery Inspection）。按照交付对象的不同，一般将新车交付检查分为三级：

1. 出库 PDI 检查

商品车交付物流公司发运前进行的质量状态检查。

2. 接车 PDI 检查

商品车送达经销商处，经销商进行车辆质量状态验收时的检查。

3. 销售 PDI 检查

商品车交付最终客户前进行的车辆质量状态检查。

新车交付 PDI 检查是确保车辆质量状态的检查，旨在厂商、运输商、汽车经销商和最终客户接收商品车时，双方共同发现商品是否存在缺陷问题，通过检查标准涵盖的项目和方法，避免售后因缺陷问题认识不统一而造成双方对问题的处理不能达成一致。

我国 2002 年制定了《汽车售后服务规范》，提出了 PDI 服务的基本要求：

（1）供方在将汽车交给顾客前，应保证整车完好。

（2）供方应仔细检查汽车的外观，确保外观无划伤及外部装备齐全。

（3）供方应仔细检查汽车内饰及装备，确保内饰清洁和装备完好。

（4）供方应对汽车性能进行测试，确保汽车的安全性和动力性良好。

（5）供方应保证汽车的辅助设备功能齐全。

（6）供方应向顾客介绍汽车的使用常识。

（7）供方有责任向顾客介绍汽车的装备、使用常识、保养常识、保修规定、保险常识、出险后的处理程序和注意事项。

（8）供方应向顾客提供 24 小时服务热线及救援电话。

（9）供方应随时解答顾客在使用中所遇到的问题。

二、新车交付流程

1. 新车出库

新车从制造企业到物流公司之前进行的汽车出库流程：出库 PDI 检查由整车厂完成，其出库流程如图 1-3-1 所示。

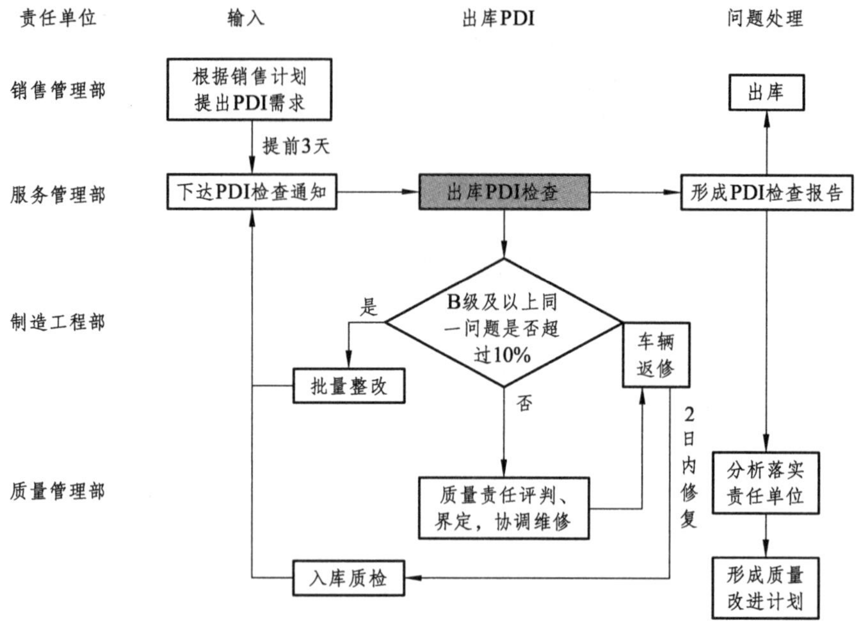

图 1-3-1　新车出库流程

2. 4S 店接车

新车从物流公司运输到 4S 店入库之前所进行的接车 PDI 检查：接车 PDI 由 4S 店完成，其接车流程如图 1-3-2 所示。

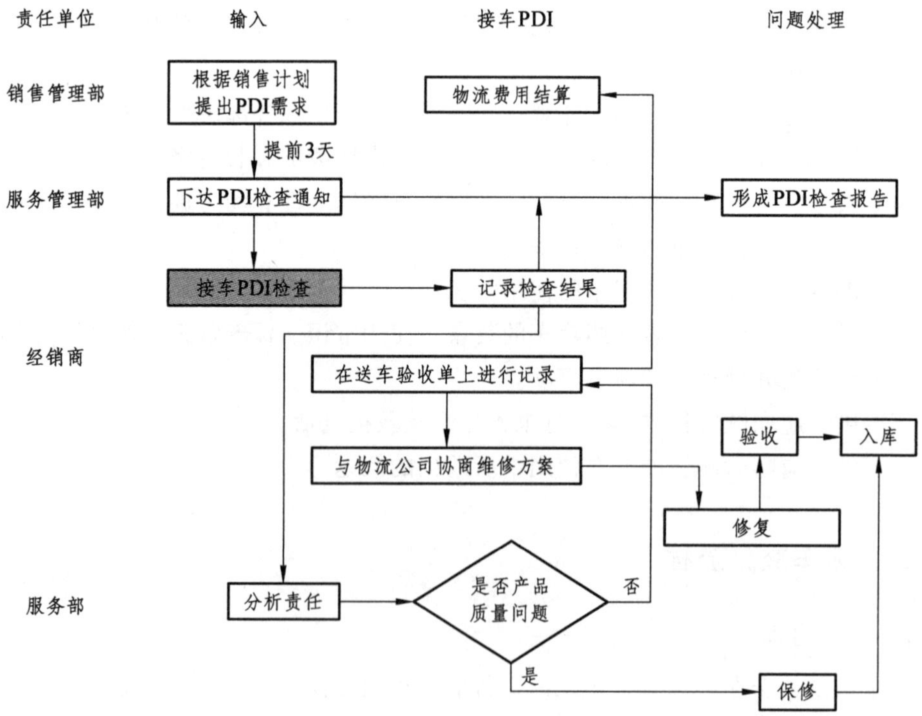

图 1-3-2　4S 店接车流程

3. 新车销售

新车从 4S 店交付给用户之前所进行的销售 PDI 检查：由经销商及用户共同完成，其检查流程如图 1-3-3 所示。

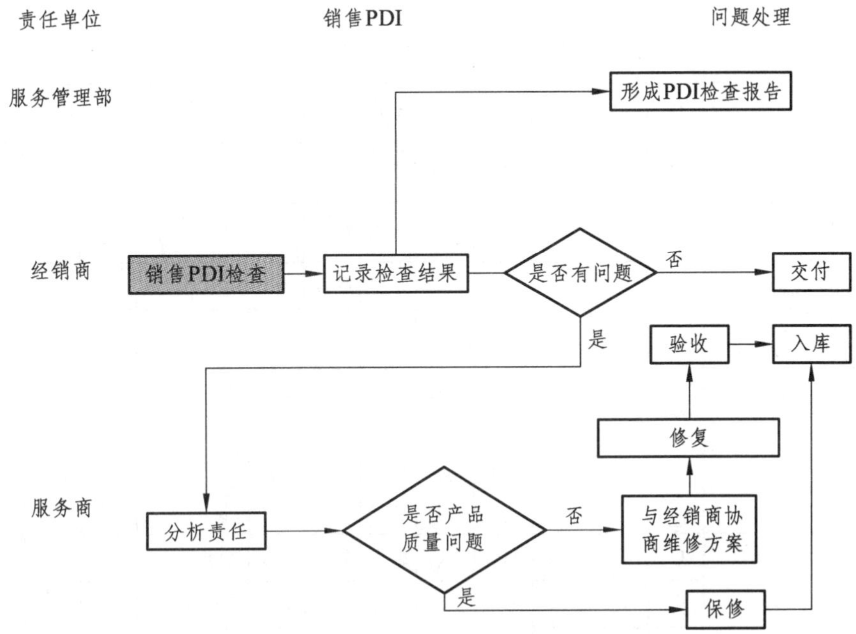

图 1-3-3　新车销售流程

三、纯电动汽车销售 PDI 作业内容

纯电动汽车销售 PDI 作业内容繁多，在 PDI 作业时应逐项检查，具体检查内容见表 1-3-1。

表 1-3-1　纯电动汽车 PDI 作业内容

NO	位置	描　述	适用车型		检查类别			重点关注问题								备注
			C系列	M系列	入库PDI	出库PDI	售前PDI	A	B	C	D	E	F	G	H	
1	①整体检查	前风挡下方VIN	○	○	ALL	ALL		缺失	字体不清	号码错误						记录并与其他VIN对比
2		3C 确认	○	○	ALL	ALL		缺失	松脱							
3		合格证/一致性证书	○	○		ALL	ALL	缺失	与实车不符							
4		遥控钥匙	○		ALL	ALL	ALL	失效	打不开门	打不开后备厢						

续表

NO	位置		描述	适用车型		检查类别			重点关注问题								备注
				C系列	M系列	入库PDI	出库PDI	售前PDI	A	B	C	D	E	F	G	H	
5	①整体检查		防盗系统	○		ALL	ALL	ALL	不报警	报警音异常	常响						
6			轮胎	○	○	ALL	ALL	AB	型号	胎压	无饰盖						
7			里程表	○	○	ALL	ALL	ALL	超里程								
8	②在车辆前部检查	上部	前盖	○	○	ALL	ALL	D	油漆	配合	脏污	凹凸	打不开	锁不住			
9			雨刮盖板	○	○	ALL	ALL		损伤	脏污	配合						
10			雨刮	○	○	ALL	ALL		损伤	锈蚀	位置不当						
11		中部	前灯	○	○	ALL	ALL	ADE	损伤	脏污	配合	不亮	常亮	水汽			
12			前格栅	○	○	ALL	ALL	A	损伤	配合	快充口阻滞	充电口盖无回弹					
13		下部	前保险杠	○	○	ALL	ALL	A	损伤	配合	变形	色差					
14			雾灯	○	○	ALL	ALL	CD	损伤	脏污	不亮	常亮					
15	③在车辆左侧检查	上部	车顶	○		ALL	ALL	AC	油漆	脏污	凹凸	饰条翘起					
16			盲窗		○	ALL	ALL		油漆	凹凸							
17		中部	左翼子板	○	○	ALL	ALL		油漆	配合	凹凸						
18			左车门	○	○	ALL	ALL	ACE	油漆	配合	凹凸	1/2级锁	开关力大	开关异响			
19			车辆铭牌	○	○	ALL	ALL	ALL	缺失	字体不清	号码错误						
20			轮胎气压标签	○	○	ALL			缺失	字体不清	号码错误						
21			儿童锁	○	○	ALL	ALL	ALL	功能失效								
22			左A/B/C/D柱	○	○	ALL	ALL		油漆	凹凸							
23			左后视镜	○	○	ALL	ALL	ALL	损伤	无法折叠	异响	无法调节					
24			前后门把手	○	○	ALL	ALL		太重	色差							
25			门上饰条	○	○	ALL	ALL		损伤	不贴合	脏污						
26			密封条	○	○	ALL	ALL		损伤	不贴合	脏污						
27			门内饰板	○	○	ALL	ALL	A	损伤	配合	脏污						
28			左滑门	○	○	ALL	ALL	ACDEF	油漆	配合	凹凸	焊点	1/2级锁	开关力大	开关异响		

续表

NO	位置		描　述	适用车型		检查类别			重点关注问题								备注
				C系列	M系列	入库PDI	出库PDI	售前PDI	A	B	C	D	E	F	G	H	
29	④在车辆后部检查	外部	后备厢盖/后举门	○	○	ALL	ALL	ALL	油漆	配合	凹凸	1/2级锁	开关力大	维修标签	无法打开	无法关闭	
30			车后灯	○	○	ALL	ALL	BC	配合	不亮	常亮	水汽					
31			后保险杠	○	○	ALL	ALL	A	油漆	配合	变形	色差					
32			徽标	○	○	ALL	ALL	AC	缺失	不正	翘起						
33			牌照板	○	○	ALL	ALL		划伤	松动							
34		内部	后盖内 VIN	○	○	ALL	ALL	ALL	缺失	字体不清	号码错误						
35			后备厢地毯	○		ALL	ALL		脏污	不平整	配合						
36			备胎	○	○		ALL	AB	缺失	配置错							
37			充电线	○	○		ALL	AB	缺失	配置错	损伤						
38			工具包	○	○		ALL	ALL	缺失	损伤							
39			千斤顶	○	○		ALL	ALL	缺失								M车在前舱
40			三角牌	○	○		ALL	A	缺失	损伤							
41			灭火器	○	○		ALL	A	缺失	损伤							
42	⑤在车辆右侧检查	上部	车顶	○		ALL	ALL	C	油漆	脏污	饰条翘起						
43			盲窗		○	ALL	ALL		油漆	变形							
44		中部	右翼子板	○	○	ALL	ALL	AC	油漆	配合	凹凸						
45			右车门	○	○	ALL	ALL	ACE	油漆	配合	凹凸	1/2级锁	开关力大	开关异响			
46			儿童锁	○	○	ALL	ALL	ALL	功能失效								
47			右 A/B/C/D柱	○	○	ALL	ALL	C	油漆	脏污	凹凸						
48			右后视镜	○	○	ALL	ALL	ALL	损伤	无法折叠	异响	无法调节					
49			前后门把手	○	○	ALL	ALL	AC	太重	色差	异响						
50			门上饰条	○	○	ALL	ALL	A	损伤	不贴合	脏污						
51			密封条	○	○	ALL	ALL	A	损伤	不贴合	脏污						
52			门内饰板	○	○	ALL	ALL	A	损伤	配合	脏污						
53			右滑门		○	ALL	ALL	C	油漆	配合	凹凸	1/2级锁	开关力大	开关异响	焊点		
54			慢充口	○	○	ALL	ALL	CD	油漆	配合	打不开	充电口盖无回弹					

续表

NO	位置		描述	适用车型		检查类别			重点关注问题								备注
				C系列	M系列	入库PDI	出库PDI	售前PDI	A	B	C	D	E	F	G	H	
55	⑥坐在后排座椅上检查	上部	车内顶衬	○	○	ALL	ALL		脏污	配合	皱折						
56			上扶手	○	○	ALL	ALL		脏污	不回位							
57		前部	前座椅						脏污	皱折							
58		左部	门窗玻璃	○	○	ALL	ALL	ALL	无法升降	异响	阻滞	操作力大					
59		下部	地毯（地板）	○	○	ALL	ALL		脏污	配合	异物						
60			座椅	○	○	ALL	ALL		脏污	异响	表面脏污	缝线脱落	选装错	成形不良	线缝未对齐		
61			座椅调节	○	○	ALL	ALL	ALL	不工作	调节费力							
62			地板		○	ALL	ALL		松动	凹凸	变形	异物					
63		后部	座椅靠背	○	○	ALL	ALL	ALL	脏污	不工作	调节费力						
64			头枕	○	○	ALL	ALL	ALL	无法调节	调节费力							
65			安全带	○	○	ALL	ALL	ALL	不回位	卡不上	脏污	无法调节	调节费力				
66		侧部	车身		○	ALL			焊点	毛刺	凹凸	变形	涂胶				
67	⑦坐在驾驶员座椅上检查	上部	车内顶衬	○	○	ALL	ALL		脏污	配合							
68			天窗问题	○	○	ALL	ALL	BC	配合	无法开关	开关自动回位	阻滞					
69			左遮阳板	○	○	ALL	ALL	ALL	脏污	标签	无法翻转	配合	镜面变形				
70			车内顶灯/阅读灯	○	○	ALL	ALL		不亮	常亮	脱落	表面	配合				
71		前部	车内后视镜	○		ALL	ALL	ALL	无法调节	脱落	脏污	松动					
72			前挡风玻璃	○	○	ALL	ALL	A	开裂	划伤	脏污	畸变					
73			挡风玻璃喷水	○	○	ALL	ALL	ALL	不工作	异响	喷水角度						
74			前/后挡风雨刮	○	○	ALL	ALL	ALL	不工作	异响	刮不干净						
75			车窗玻璃	○	○	ALL	ALL	ALL	无法升降	异响	阻滞	防夹功能缺失					
76			仪表台左侧	○	○	ALL	ALL		划伤	配合	脏污	异物					
77			背光调节	○	○	ALL	ALL	ALL	不工作	无变化							
78			仪表指示	○	○	ALL	ALL	ALL	不指示	指示异常	开关门报警	挡位指示					

续表

NO	位置		描　述	适用车型		检查类别			重点关注问题								备注
				C系列	M系列	入库PDI	出库PDI	售前PDI	A	B	C	D	E	F	G	H	
79	⑦坐在驾驶员座椅上检查	前部	灯光操纵件	○	○	ALL	ALL	ALL	阻滞	灯光不亮							
80			警告灯	○	○	ALL	ALL	ALL	不亮								
81			方向盘	○	○	ALL	ALL	ACD	损伤	脏污	无法调节	调节异响					
82			喇叭	○	○	ALL	ALL	CD	力重	不响	单音						
83			点烟器	○		ALL	ALL	ALL	不工作	不弹出	缺失	按不下去					
84			车载电源	○		ALL	ALL	ALL	不工作	不弹出	没有	无法打开	无法关闭	按不下去			
85			收音机	○		ALL	ALL	ALL	无法开机	无法收台	操作困难						
86			DVD/CD机	○		ALL	ALL	ALL	无法进碟	不读碟	无法退碟	换碟不正常	不显示				
87			扬声器	○	○	ALL	ALL	ALL	无声音	声音异常	共鸣声						
88			信息中心	○		ALL	ALL	ALL	不显示	显示错误	无GPS定位						
89			空调系统	○	○	ALL	ALL	ALL	不制冷	不加热	异响	不够冷	不够热	出风口阻滞	出风口脱落		
90			风扇/鼓风机	○	○	ALL	ALL	ALL	不工作	异响	异味	无法维持温度	风向不正确				
91			挡风玻璃除霜除雾	○	○	ALL	ALL	ALL	不工作								
92		下部	地毯问题	○	○	ALL	ALL	ALL	脏污	皱折	异物						
93			座椅	○	○	ALL	ALL	ALL	脏污	异响	缝线脱落	选装错误	线缝未对齐				
94			座椅前后/上下调节	○	○	ALL	ALL	ALL	不工作	调节费力	调节干涉						
95		后部	座椅靠背	○	○	ALL	ALL	ALL	脏污	不工作	调节费力						
96			头枕	○	○	ALL	ALL	ALL	无法调节	调节费力							
97			安全带	○	○	ALL	ALL	ALL	不回位	不回位	污损	无法调节	调节费力				
98		右部	副仪表台	○	○	ALL	ALL	ALL	脏污	配合	盖无法打开	打开异响	打开阻滞	异物			
99			驻车手柄	○	○	ALL	ALL	ALL	操纵力过大	指示灯不亮	指示灯常亮	不回位					

续表

NO	位置		描述	适用车型		检查类别			重点关注问题								备注
				C系列	M系列	入库PDI	出库PDI	售前PDI	A	B	C	D	E	F	G	H	
100	⑧坐在副驾驶员座椅上检查	上部	车内顶衬	○	○	ALL	ALL		脏污	配合							
101			左遮阳板	○	○	ALL	ALL	ALL	脏污	标签	无法翻转	配合	镜面变形				
102			上扶手	○	○	ALL	ALL		脏污	不回位							
103		前部	左车窗玻璃	○	○	ALL	ALL	ALL	无法升降	异响	阻滞	防夹功能缺失					
104			仪表台右侧	○	○	ALL	ALL		划伤	配合	脏污						
105			手套箱检查	○	○	ALL	ALL	ALL	无法开启	无法关闭	照明灯不亮	照明灯常亮	空调出风口无	异物			
106		下部	文件袋	○	○	ALL	ALL	ALL	缺失								
107			地毯问题	○	○	ALL	ALL	A	脏污	配合	异物						
108			车身钢印VIN	○	○	ALL	ALL	ALL	缺失	字体不清	号码错误						
109			数据终端	○	○	ALL	ALL	ALL	灯不亮								
110			座椅	○	○	ALL	ALL		脏污	异响	表面脏污	材质	缝线脱落	线缝未对齐			
111			座椅前后调节	○	○	ALL	ALL	ALL	不工作	调节费力							
112		后部	座椅靠背	○	○	ALL	ALL	ALL	脏污	不工作	调节费力						
113			头枕	○	○	ALL	ALL	ALL	无法调节	调节费力							
114			安全带	○	○	ALL	ALL	ALL	不回位	卡不上	脏污	无法调节	调节费力				
115	⑨前舱检查		前盖内部VIN	○	○	ALL	ALL	ALL	缺失	字体不清	号码错误						
116			制动液	○	○	ALL	ALL	ALL	液位不足	液位过高	渗漏						
117			冷却液	○	○	ALL	ALL	ALL	液位不足	液位过高	渗漏						
118			洗涤液	○	○	ALL	ALL	ALL	液位不足	液位过高	渗漏						
119			低压电池线	○	○	ALL	ALL	ALL	松动								
120			加注盖	○	○	ALL	ALL	ALL	缺失	松动							
121			警告标签	○	○	ALL	ALL	ALL	缺失	不清晰	损伤						
122			前盖支撑杆	○	○	ALL	ALL		卡不住	损伤							
123			前盖内部	○	○	ALL	ALL		油漆								

任务准备

纯电动汽车整车。

任务训练

一、外观检查

（1）机舱盖、后尾门的外观检查，如图 1-3-4 所示，作业内容见表 1-3-2。

图 1-3-4　机舱盖、后尾门外观检查

表 1-3-2　机舱盖、后尾门外观检查作业明细

1	前机舱盖和后尾门与车身、保险杠之间无色差，前机舱盖和后尾门开关无异响
2	钣金面平滑，无凹凸等变形；漆面清洁，无划痕、掉漆、曝漆、漆裂、漆流、漆渣、生锈
3	顶盖与前风挡段差为（2±1）mm
4	前机舱盖与前保险杠间隙为（8±1）mm，段差为（1±1）mm，间隙左右差异< 2.0 mm
5	前机舱盖与大灯间隙为（4.5±1）mm，段差为（1.5±1）mm，间隙左右差异< 2.0 mm
6	前机舱盖与翼子板间隙为（4±1）mm，段差为（0±1）mm，间隙左右差异< 2.0 mm
7	前机舱盖与空气室盖板间隙为（5±1）mm，最大间隙与最小间隙差<2.0 mm
8	前风窗玻璃无气泡、划痕、磨损，“CCC”“400 电话”标识安装正确，后尾门玻璃无气泡、划痕、磨损
9	后尾门与顶盖间隙为（8±1）mm，段差为（1±1）mm，最大间隙与最小间隙差< 2.0 mm
10	后尾门与后保险杠间隙为（8±1）mm，最大间隙与最小间隙差< 2.0 mm

（2）整车四门的外观项检查，如图 1-3-5 所示，作业内容见表 1-3-3。

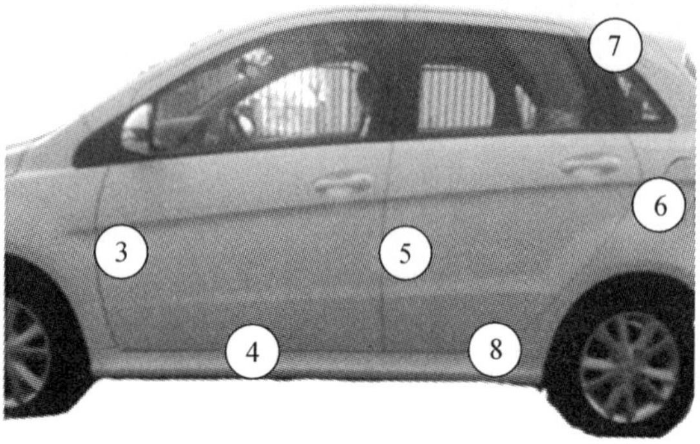

图 1-3-5 整车四门外观项检查

表 1-3-3 整车四门外观项检查作业明细

1	整车四门与车身之间无色差，整车四门开关时无异响
2	钣金面平滑，无凹凸等变形；漆面清洁，无划痕、掉漆、曝漆、漆裂、漆流、漆渣、生锈
3	前门与翼子板间隙为（4.5±1）mm，段差为 0_{-1}^{0} mm，最大间隙与最小间隙差< 2.0 mm
4	前门与侧裙板间隙为（6±1）mm，段差为（3±1）mm，最大间隙与最小间隙差< 2.0 mm
5	前门与后门间隙为（4.5±1）mm，段差为 0_{-1}^{0} mm，最大间隙与最小间隙差< 2.0 mm
6	后门与侧围外板间隙为（4.5±1）mm，段差为 0_{-1}^{0} mm，最大间隙与最小间隙差< 2.0 mm
7	后门与侧窗玻璃间隙为（5.5±1）mm，段差为 0_{-1}^{0} mm，最大间隙与最小间隙差< 2.0 mm
8	后门与侧裙板间隙为（6±1）mm，段差为（3±1）mm，最大间隙与最小间隙差< 2.0 mm
9	前后侧门玻璃无气泡、划痕、磨损

（3）整车前、后保险杠的外观项检查，如图 1-3-6 所示，作业内容见表 1-3-4。

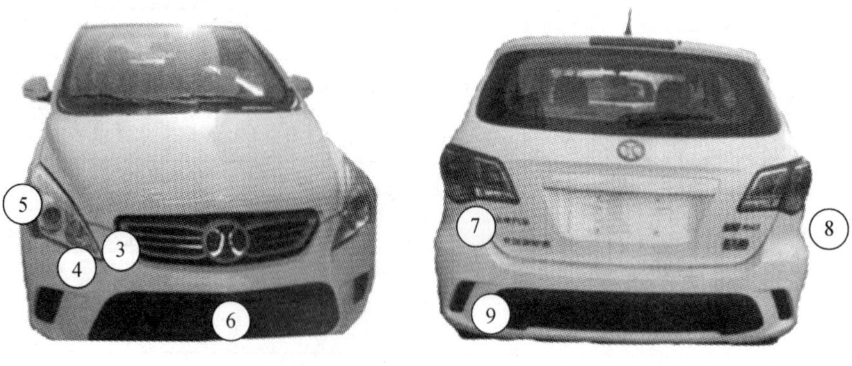

图 1-3-6 整车前、后保险杠外观项检查

表 1-3-4　整车前、后保险杠外观项检查作业明细

1	整车四门与车身之间无色差，整车四门开关时无异响
2	钣金面平滑，无凹凸等变形；漆面清洁，无划痕、掉漆、曝漆、漆裂、漆流、漆渣、生锈
3	前门与翼子板间隙为（4.5±1）mm，段差为 0_{-1}^{0} mm，最大间隙与最小间隙差< 2.0 mm
4	前门与侧裙板间隙为（6±1）mm，段差为（3±1）mm，最大间隙与最小间隙差< 2.0 mm
5	前门与后门间隙为（4.5±1）mm，段差为 0_{-1}^{0} mm，最大间隙与最小间隙差< 2.0 mm
6	后门与侧围外板间隙为（4.5±1）mm，段差为 0_{-1}^{0} mm，最大间隙与最小间隙差< 2.0 mm
7	后门与侧窗玻璃间隙为（5.5±1）mm，段差为 0_{-1}^{0} mm，最大间隙与最小间隙差< 2.0 mm
8	后门与侧裙板间隙为（6±1）mm，段差为（3±1）mm，最大间隙与最小间隙差< 2.0 mm
9	前后侧门玻璃无气泡、划痕、磨损

（4）整车前、后翼子板的外观项检查，如图 1-3-7 所示，作业内容见表 1-3-5。

图 1-3-7　整车前、后翼子板外观项检查

表 1-3-5　整车前、后翼子板外观项检查作业明细

1	整车四门与车身之间无色差，整车四门开关时无异响
2	钣金面平滑，无凹凸等变形；漆面清洁，无划痕、掉漆、曝漆、漆裂、漆流、漆渣、生锈
3	前门与翼子板间隙为（4.5±1）mm，段差为 0_{-1}^{0} mm，最大间隙与最小间隙差< 2.0 mm
4	前门与侧裙板间隙为（6±1）mm，段差为（3±1）mm，最大间隙与最小间隙差< 2.0 mm
5	前门与后门间隙为（4.5±1）mm，段差为 0_{-1}^{0} mm，最大间隙与最小间隙差< 2.0 mm
6	后门与侧围外板间隙为（4.5±1）mm，段差为 0_{-1}^{0} mm，最大间隙与最小间隙差< 2.0 mm
7	后门与侧窗玻璃间隙为（5.5±1）mm，段差为 0_{-1}^{0} mm，最大间隙与最小间隙差< 2.0 mm
8	后门与侧裙板间隙为（6±1）mm，段差为（3±1）mm，最大间隙与最小间隙差< 2.0 mm
9	前后侧门玻璃无气泡、划痕、磨损

（5）车顶、车底下护板及车轮部分的外观项检查，如图 1-3-8 所示，作业内容见表 1-3-6。

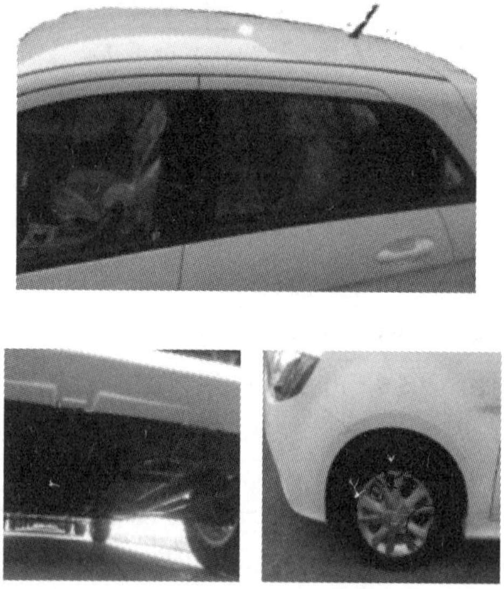

图 1-3-8　车顶、车底下护板及车轮部分外观项检查

表 1-3-6　车顶、车底下护板及车轮部分外观项检查作业明细

1	车顶与车身之间无色差
2	钣金面平滑，无凹凸等变形；漆面清洁，无划痕、掉漆、曝漆、漆裂、漆流、漆渣
3	车顶天线配置齐全，导雨条无翘起、开裂
4	车底盘无磕碰损伤，连接无松动
5	车轮胎压正常：前轮为 230 kPa，后轮为 230 kPa
6	轮胎无划伤、磨损、鼓包、龟裂，充气口帽有配置
7	轮毂无划痕、掉漆，轮毂螺丝帽有配置
8	车轮螺丝帽无脱落，轮毂盖无脱落

（6）全车灯饰装置的外观项检查，如图 1-3-9 所示，作业内容见表 1-3-7。

图 1-3-9　全车灯饰装置外观项检查

表 1-3-7 全车灯饰装置的外观项检查作业明细

1	全车灯饰表面无划痕、缩痕、开裂
2	全车灯饰内无异物及进水
3	全车灯饰与车身各装配件之间尺寸参照以上部分标注尺寸检查
4	侧围尾灯与尾门尾灯间隙为（6±1）mm，段差为（1±1）mm，最大间隙与最小间隙差< 2.0 mm
5	尾灯与后尾门外板间隙为（2±1）mm，段差为（1±1）mm，最大间隙与最小间隙差< 2.0 mm
6	背门外板与高位刹车灯间隙为（1.5±1）mm，段差为 0_{-1}^{0} mm
7	前大灯内部出现的雾气，如点亮灯光在 20 min 内雾气消除，则判为合格

二、内饰和功能检查

（1）仪表台及五门内饰板的检查，如图 1-3-10 所示，作业内容见表 1-3-8。

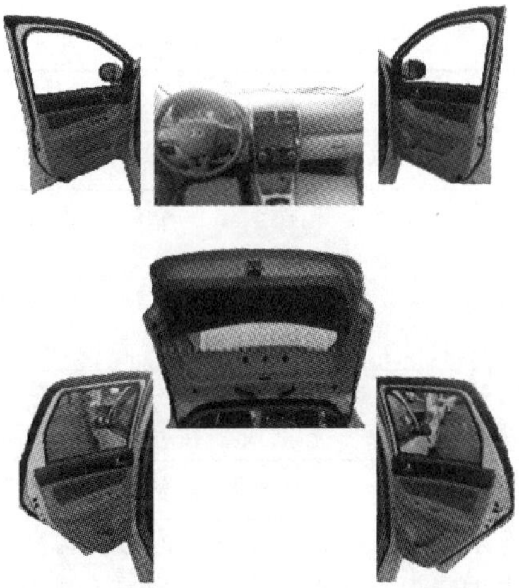

图 1-3-10 仪表台及五门内饰板检查

表 1-3-8 仪表台及五门内饰板检查作业明细

1	全车四门及尾门内饰板无划痕、开裂
2	四门及尾门开关顺畅，关门无明显阻尼感，开门无卡滞感
3	四门铰链无掉漆、生锈，内外门把手开关顺畅，无卡滞
4	四门内饰板装配间隙：最大间隙与最小间隙差< 2.0 mm
5	四门内饰板装配平整度：同一平面两板之间阶差< 2.0 mm
6	仪表台上仪表板、仪表、按键或旋钮等无划伤，标记符打印正确
7	仪表台各装配间隙之间：最大间隙与最小间隙差< 2.0 mm
8	仪表台各装配间平整度：同一平面两板之间阶差< 2.0 mm

（2）座椅检查，如图 1-3-11 所示，作业内容见表 1-3-9。

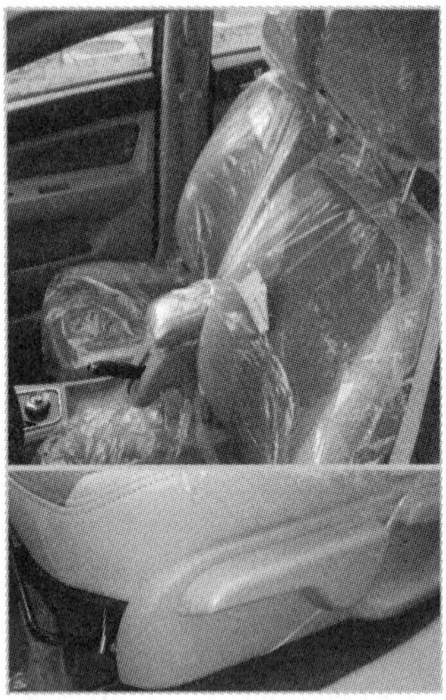

图 1-3-11　座椅检查

表 1-3-9　座椅检查作业明细

1	车内座椅符合配置要求材质
2	前、后排座椅包装完好，无包装破损现象
3	主驾驶座椅靠背调整手柄：向上拉动手柄，靠背有向前的弹力，也可向后推座椅靠背至理想角度；松开手柄，靠背不再转动。拉、松手柄时，内部啮合齿无卡滞、脱齿现象
4	主驾驶座椅上、下调整手柄：数次向上拉动手柄，座椅有明显向上的阶跃感；反之亦然。同时，上拉或下按手柄时，内部啮合齿无卡滞、脱齿现象
5	主驾驶座椅前、后调整手柄：向上拉动手柄，之后调整座椅前后至合适位置，松开手柄，座椅不再前、后移动。同时，上拉或下按手柄时，内部啮合齿无卡滞、脱齿现象
6	座椅头枕限位按钮按动时无卡滞，头枕调至合适高度松开按钮后，头枕不能上下移动
7	安全带测试：用手迅速拉动安全带，安全带锁止机构应立即锁止；打开点火开关，将安全带卡扣卡入安全带卡槽内，仪表安全带指示灯自动熄灭

（3）地毯检查，如图 1-3-12 所示，作业内容见表 1-3-10。

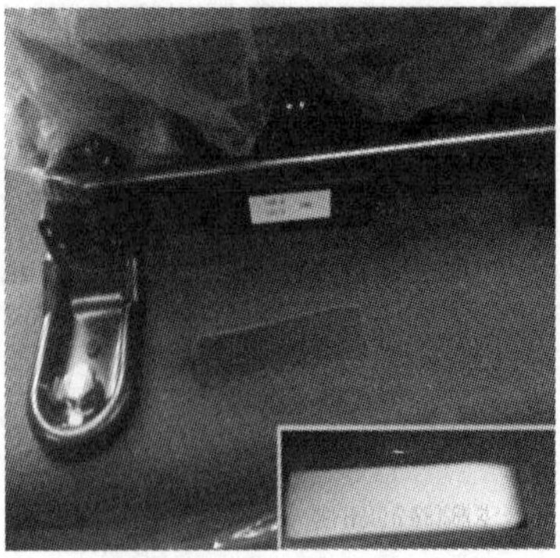

图 1-3-12　地毯检查

表 1-3-10　地毯检查作业明细

1	地毯符合配置要求材质
2	地毯前后衔接完整，与装配件过渡处无裸露、无缺少材料情况
3	地毯表面或包裹部分无波纹
4	副驾驶座椅前方，地毯处开有约 100 mm×30 mm 的长方形开口，其下方车身处刻有 17 位 VIN 码
5	VIN 码要求：位数正确，刻迹清晰
6	副驾驶座椅下方、地毯上方，安装有数据终端器
7	数据终端器上的所有灯点亮，表示终端器在工作状态

（4）仪表功能检查，如图 1-3-13 所示，作业内容见表 1-3-11。

图 1-3-13　仪表功能检查

表 1-3-11　仪表功能检查作业明细

1	仪表屏幕表面无划痕、开裂、缩痕
2	仪表标识参照相关说明。钥匙旋至启动挡后，仪表显示绿色 ready 字样，除驻车制动指示灯、安全带未系指示灯点亮，其他故障指示灯均不能点亮
3	踩下刹车踏板，用手旋转换挡旋钮，旋钮在每个挡位间有明显阻尼感，仪表显示相应符号正确
4	按动能量回收键，仪表显示相应符号正确
5	驻车制动拉杆位置居中，换挡平顺、无卡滞。驻车制动拉起总行程 2/3 处实现驻车制动，仪表指示灯点亮。松开驻车制动，仪表指示灯熄灭
6	仪表显示电量不低于总电量的 25%
7	仪表显示总里程数小于 50 km
8	小灯开启后，分别旋转仪表照明亮度调节开关，仪表屏幕亮度有明显变化
9	分别按下警报开关，仪表上转向指示灯点亮
10	按下远程监控开关，远程监控指示灯点亮，远程监控功能启动。再次按动远程监控开关，开关键弹起，指示灯熄灭

（5）灯光、雨刷功能检查，如图 1-3-14 所示，作业内容见表 1-3-12。

图 1-3-14　灯光、雨刷功能检查

表 1-3-12　灯光、雨刷功能检查作业明细

1	灯光、雨刷组合开关外观无划痕，标识正确
2	将灯光、雨刷组合开关旋转一次，各转换挡间有明显阻尼感
3	分别旋转灯光组合开关的小灯、近光灯、上下转换远光灯，旋转前雾灯、后雾灯开关，仪表显示相应标识，各类车灯光均能按要求执行点亮
4	开启近光灯后，调整灯光高低旋钮，有相应的执行电机声，灯光位置相应上下移动，无卡滞
5	踩下刹车踏板，后制动灯能够点亮。踩下刹车踏板，旋转换挡旋钮至 R 挡，倒挡灯点亮，且倒车影像、倒车雷达执行工作。旋转 R 至 N 挡，松开刹车踏板
6	分别旋转雨刷组合开关，前雨刷（快/慢/间歇/喷淋）、后雨刷、喷水旋钮均能正常工作
7	喷水区域出现下述情况，判定不合格：① 洗涤液喷到车辆左/右侧；② 洗涤液未完全喷入雨刮片工作区域
8	拨动转向灯开关，仪表显示左右转向灯闪烁、外部灯光闪烁
9	顶灯开关执行后，相应灯光点亮。开启门灯开关后，打开车门，顶灯自动点亮。关闭车门，数秒后顶灯自动熄灭

（6）空调及导航影音功能检查，如图 1-3-15 所示，作业内容见表 1-3-13。

图 1-3-15　空调及导航影音功能检查

表 1-3-13 空调及导航影音功能检查作业明细

1	多媒体屏幕外观无划痕，标识正确
2	打开开关，分别点击触摸屏“收音机”“导航”“蓝牙”“设置”等功能，检查功能是否正常，是否可以正常点击
3	打开收音机，点击转向盘上的音量及选台按键，多媒体能够相应执行
4	打开导航功能，多媒体安装有导航卡，导航开启后，其设置功能项里有卫星显示，语音提醒 GPS 定位正常
5	打开蓝牙，能够与手机连接配对，能够实现拨话对讲功能
6	旋转制冷功能键，开启 A/C 键，A/C 指示灯点亮，空调压缩机启动，空调系统能够制冷
7	旋转制热功能键，空调系统能够制热
8	分别按动空调控制面板上的各种按键，其屏显对应显示正确，各模式执行效果正常
9	空调各出风口调整开关无卡滞、无脱落。旋转或拨动挡片，风量和风向对应改变
10	点火开关处于“ON”或“ACC”位置时，将点烟器按到位，加热完毕后，点烟器会自动弹出

（7）门窗及遥控功能检查，作业内容见表 1-3-14。

表 1-3-14 门窗及遥控功能检查作业明细

1	门窗组合开关无划伤、开裂
2	门窗组合开关按键安装正确，打印标记正确
3	分别按下左前门窗组合开关的玻璃升降按键，四门车窗玻璃升降正常
4	分别单独按四门的玻璃升降按键，玻璃升降自如，无卡滞；之后按下组合开关的“锁止”按键，再按其他车门玻璃升降按键，玻璃不应升降
5	关闭四门后，按下组合开关的车门中控锁按键；四门闭锁器工作正常、无卡滞
6	检查左、右后视镜镜面角度调节功能正常，且调节过程无卡滞、异响
7	关闭左、右后门儿童锁按键，从车内不能打开左、右后车门
8	关闭四门，按动遥控钥匙锁止键，四门闭锁器落锁，后视镜自动闭合，闭合角度左右对应，警示灯闪烁 3 次
9	按动遥控钥匙开启键，四门闭锁器开锁，后视镜自动开启，无卡滞，开启角度左右对应，警示灯闪烁 1 次

三、前机舱检查

（1）机舱内漆面的检查，如图 1-3-16 所示，作业内容见表 1-3-15。

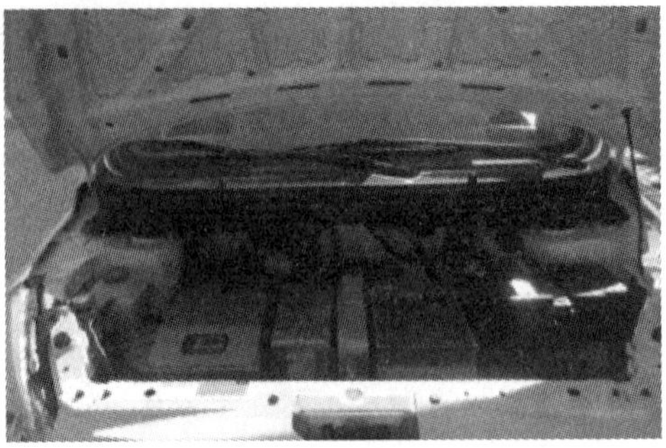

图 1-3-16　机舱内漆面检查

表 1-3-15　机舱内漆面检查作业明细

1	机舱内漆面清洁，钣金面平滑，无凹凸等变形
2	机舱内钣金漆面无划痕、掉漆、曝漆、漆裂、漆流、漆渣、生锈（机盖锁钩除外）
3	机舱内各电器件漆面无划痕、掉漆、生锈
4	机舱内各塑料件表面不允许有任何划痕
5	机舱内钣金件及各电器件表面不允许有任何油污

（2）前舱内标贴、液位检查，如图 1-3-17 所示，作业内容见表 1-3-16。

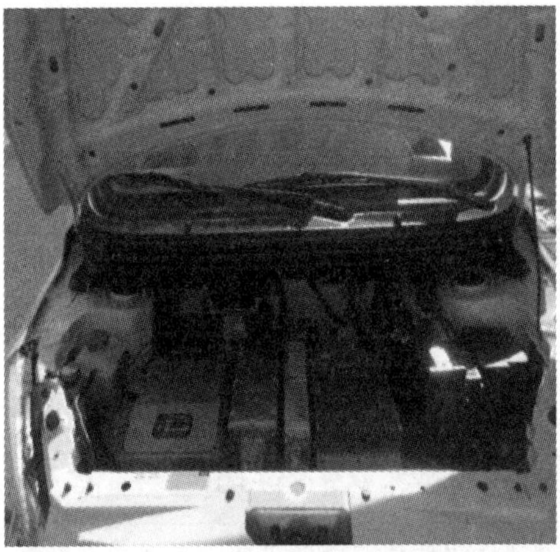

图 1-3-17　前舱内标贴、液位检查

表 1-3-16　前舱内标贴、液位检查作业明细

1	机舱内前风扇上横梁右侧标有“驱动电机型号”和“空调系统注意事项”标贴
2	前机舱盖内部边缘处标有 VIN 码标贴
3	电机控制器前部标有铝制标牌
4	电机控制器、高压控制器、DC/DC 变换器和充电机上分别标有闪电黄标
5	制动液储液盒液位要求，在 max 线和 min 线中间位置
6	散热液储液盒液位要求，在 max 线和 min 线中间位置

（3）前舱安装件和线束的检查，作业内容见表 1-3-17。

表 1-3-17　前舱安装件和线束检查作业明细

1	机盖锁与锁钩关闭后锁止牢固，机盖无松动；打开机盖，拉动拉索，机盖应有小幅上弹；手动开启机盖，锁扣无卡滞
2	机舱内各电器件紧固螺丝有紧固标记
3	机舱内所有负极与车身连接线束不松动，有紧固标记
4	蓄电池检视窗显示绿色，表示电量正常，两极柱不允许有漏液
5	与电机控制器、高压控制盒、DC/DC 变换器和充电机连接的所有插头连接紧固，无松动。插头锁止机构能卡到正确位置
6	机舱内线束固定卡扣按照工艺卡至正确位置，固定牢靠，无松动；卡扣无脱落
7	机舱内线束无破损、交叉连接

四、随车物品检查

（1）随车工具的检查，作业内容见表 1-3-18。

表 1-3-18　随车工具检查明细

1	车轮扳手、拖车钩放置于工具包内
2	三角警告标志牌总成有无配备
3	摇手柄总成、千斤顶总成有无配备
4	充电线有无配备
5	备胎有无配备
6	收音机天线有无配备

（2）随车资料的检查，检查多媒体使用手册、质保手册、整车保修手册、整车用户手册是否有配备。

任务拓展

汽车铭牌

汽车铭牌是标明车辆基本特征的标牌，内容包括汽车型号、发动机功率、总质量、载质量、载客人数、出厂编号、出厂日期及厂名等，如图 1-3-18 所示。铭牌一般固定在车头盖发动机附近，或是左右车门旁边，如图 1-3-19 所示。

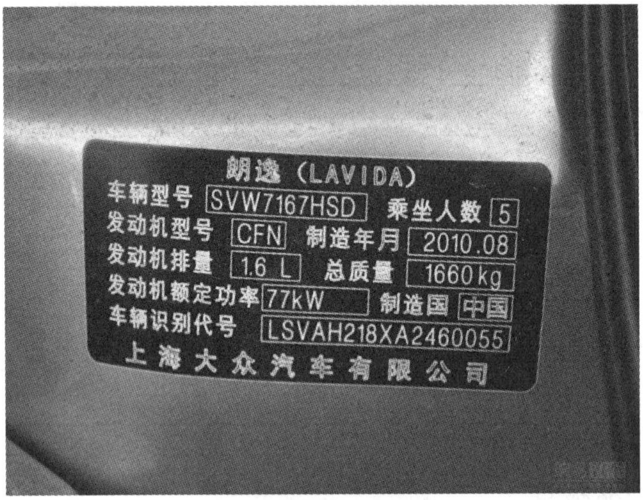

图 1-3-18　汽车铭牌

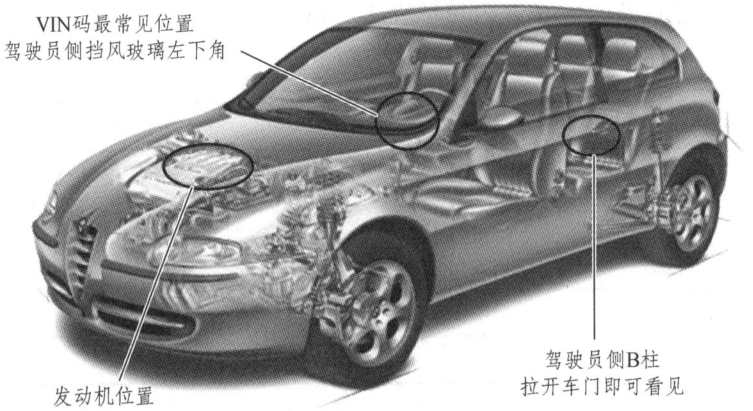

图 1-3-19　汽车铭牌安装位置

车辆识别代号（VIN）是车辆制造厂为了识别而给一辆车指定的一组字码，由 17 位数字或字母组成，如图 1-3-20 所示。

图 1-3-20　车辆识别代号

车辆识别代号由世界制造厂识别代号（WMI）、车辆说明部分（VDS）、车辆指示部分（VIS）三部分组成。

（1）世界制造厂识别代号（WMI）由 3 个字码组成：

① 第一个字码是标明一个地理区域的字母或数字。

② 第二个字码是标明一个特定地区内的一个国家的字母或数字。车辆的国家代码见表 1-3-19。

表 1-3-19　国家代码

国家	代码	国家	代码	国家	代码
美国	1	德国	W	意大利	I
加拿大	2	韩国	K	泰国	M
墨西哥	3	中国	L	瑞典	S
美国	4	英国	G	日本	J
巴西	5	法国	F	西班牙	E
澳大利亚	6				

③ 第三位字码是标明某个特定的制造厂的字母或数字。

（2）车辆说明部分（VDS）由六位字码组成。此部分能识别车辆的一般特征，其代号顺序由制造厂决定。

（3）车辆指示部分（VIS）由八位字码组成，最后四位是数字。

① 第一位字码指示年份。年份字码按表 1-3-20 规定。

表 1-3-20　年份字码

代码	年份	代码	年份	代码	年份	代码	年份	代码	年份
1	1971	B	1981	M	1991	1	2001	B	2011
2	1972	C	1982	N	1992	2	2002	C	2012
3	1973	D	1983	P	1993	3	2003	D	2013
4	1974	E	1984	R	1994	4	2004	E	2014
5	1975	F	1985	S	1995	5	2005	F	2015
6	1976	G	1986	T	1996	6	2006	G	2016
7	1977	H	1987	V	1997	7	2007	H	2017
8	1978	J	1988	W	1998	8	2008	J	2018
9	1979	K	1989	X	1999	9	2009	K	2019
A	1980	L	1990	Y	2000	A	2010	L	2020

② 第二位字码可用来指示装配厂或制造厂规定的其他内容。

③ 制造厂的年产量≥500 辆时，此部分的第三到八位字码表示生产顺序号；制造厂的年产量<500 辆时，此部分的第三、四、五位字码与第一部分的三位字码一起来表示一个车辆制造厂。

项目二

新能源汽车电池管理系统维护与保养

任务一　新能源汽车充电系统基本检查与维护

任务描述

小明在一家 4S 店实习，今天接了一个新能源汽车，要对充电系统进行维护。假如你是小明的师傅，请告诉他维护新能源汽车充电系统需要做些什么。

任务目标

（1）了解纯电动汽车充电系统的要求。

（2）了解纯电动汽车充电系统的类型和充电方式。

（3）能够连接纯电动汽车充电线束。

（4）了解纯电动汽车车载充电机的功能和工作流程。

（5）能够判断纯电动汽车车载充电机的工作状态。

（6）了解 DC/DC 变换器的功能和工作流程。

任务学习

一、电动汽车充电系统概述

1. 电动汽车对充电装置的要求

（1）安全性。

当电动汽车充电时，要确保人员的人身安全和蓄电池组的安全。当电动车辆充电时，电动车辆与充电设备要正确连接，便于在正常情况下使电流安全地从充电设备传输给电动车辆。

（2）成本经济。

成本经济、价格低廉的充电设备有助于降低整个电动汽车的成本，提高运行效益，促进新能源汽车的商业化推广。

（3）效率高。

高效率是对现代充电装置最重要的要求之一，效率的高低对整个电动汽车的使用和推广具有重大影响。

（4）使用方便。

充电装置应具有较高的智能性，不需要操作人员过多干预充电过程。

（5）污染小。

充电设备一般都会给供电电网及其周边用电设备造成有害的谐波干扰，又叫谐波污染。新能源汽车充电装置要求对电网及其周边用电设备谐波污染尽可能少。

2. 电动汽车充电装置的类型

新能源汽车充电装置的分类有不同的方法，总体上可分为车载充电装置和非车载充电装置。

（1）车载充电装置。

车载充电装置是指安装在新能源汽车上的采用地面交流电网对电池组进行充电的装置。它将一根带插头的交流动力电缆直接插到新能源汽车的插座中，给新能源汽车充电。它完全按照车载动力蓄电池的种类进行设计，针对性较强。

（2）非车载充电装置。

非车载充电装置，即地面充电装置，主要包括专用充电机、专用充电站、通用充电机和公共场所用充电站等。它可以满足各种电池的各种充电方式。通常非车载充电器的功率、体积和质量均比较大，以便能够适应各种充电方式。非车载充电设备主要包括变压器、非车载充电机和电表等，示意图如图 2-1-1 所示。

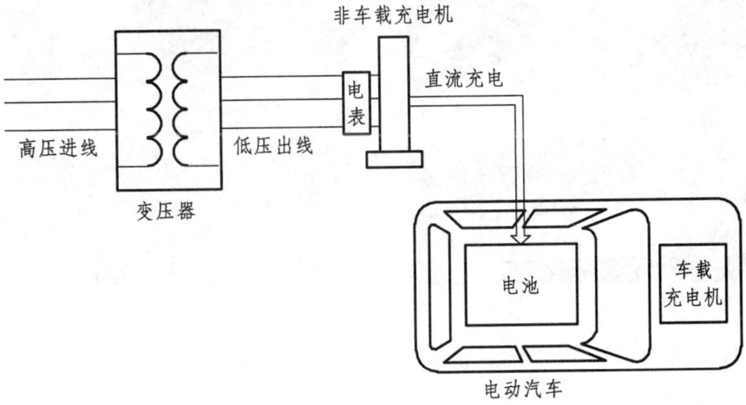

图 2-1-1　非车载充电装置示意图

二、电动汽车充电方式

电动汽车充电方式主要有慢充充电方式和快充充电方式两种。

1. 慢充充电方式

慢充充电系统俗称慢充系统，慢充系统使用交流 220 V 单相民用电，通过整流变换，将交流电变换为高压直流电给动力蓄电池进行供电。慢充系统结构如图 2-1-2 所示。

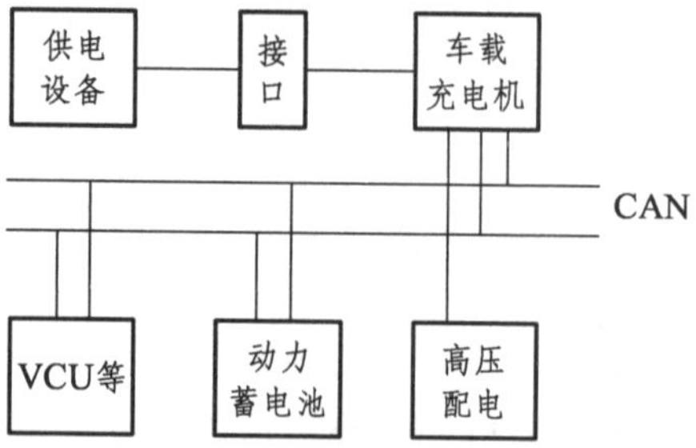

图 2-1-2 慢充系统结构

慢充充电的优点在于，充电器和安装成本较低，便于实现车载；可充分利用电力低谷时段进行充电，降低充电成本，保证充电时段电压相对稳定；充电设施体积小，可携带，便于车辆在停车场以外的地方充电。

慢充系统的主要部件有电源、慢充电缆、慢充接口、车内高压线束、高压配电盒、车载充电机和动力蓄电池等，如图 2-1-3 所示。

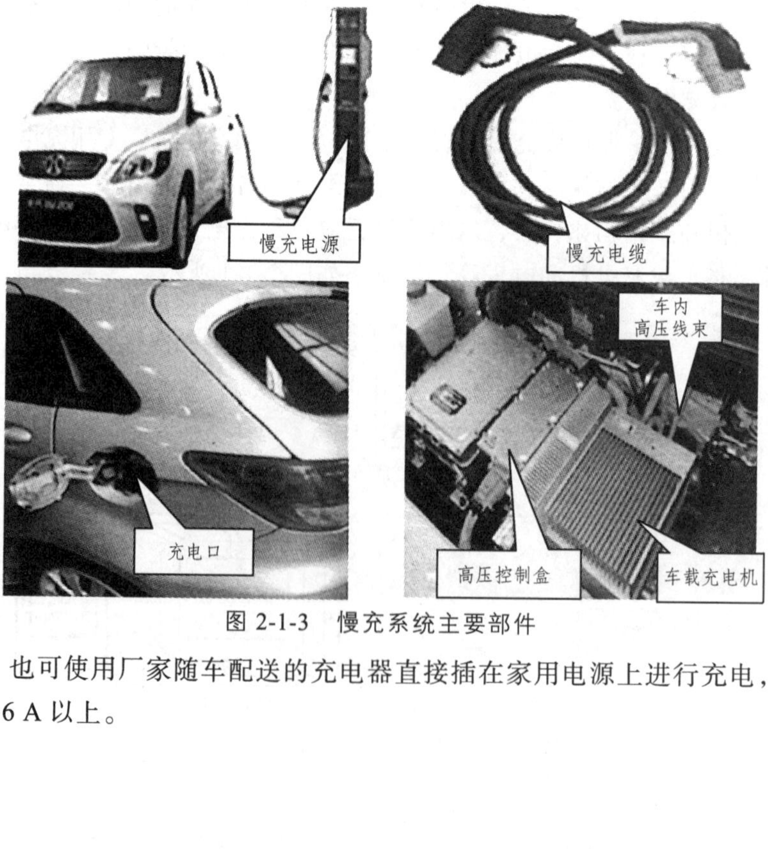

图 2-1-3 慢充系统主要部件

另外，也可使用厂家随车配送的充电器直接插在家用电源上进行充电，但要注意插座使用 16 A 以上。

2. 快充充电方式

快充充电系统俗称快充系统，又称为应急充电，是指以较大的电流（150 ~ 400 A）为电动汽车进行充电。目的是在较短的时间内，给电动汽车充满电，充电时间应该与燃油车的加油时间接近。快充系统一般使用工业 380 V 三相电，通过功率变换后，将高压大电流通过母线直接给动力蓄电池进行充电。快充系统结构如图 2-1-4 所示。

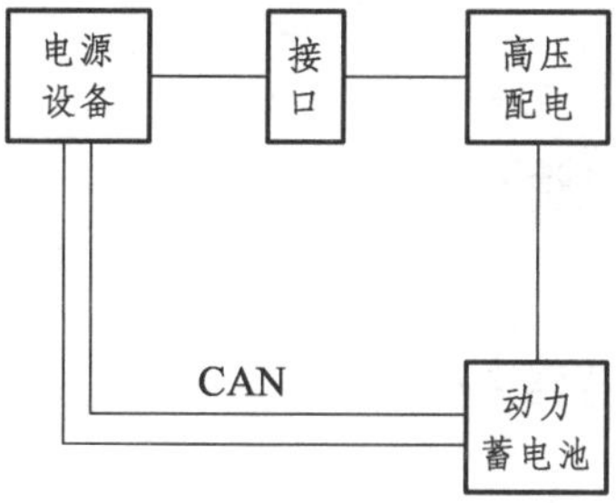

图 2-1-4　快充系统结构

快充系统的主要部件有电源设备（快充桩）、快充接口、车内高压线束、高压配电盒和动力蓄电池等，如图 2-1-5 所示。

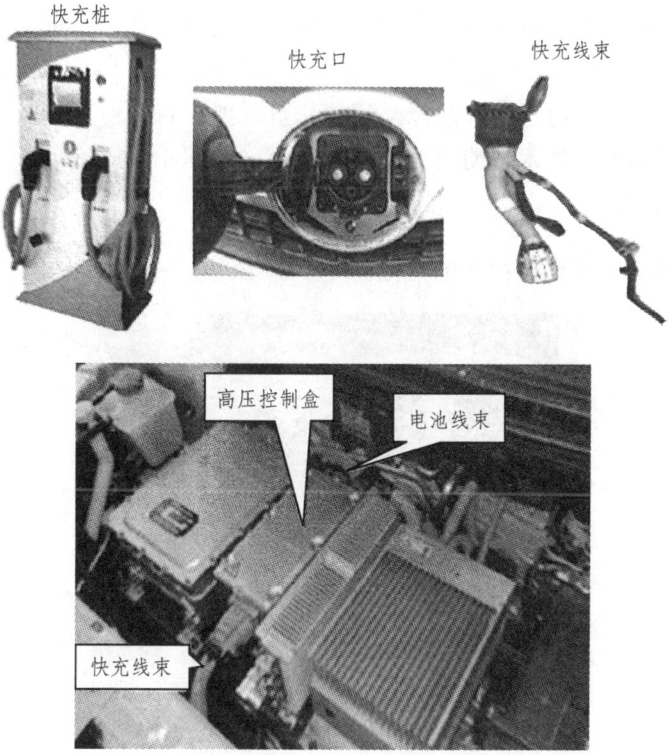

图 2-1-5　快充系统的主要部件

任务准备

实训用车、充电桩、相应工具、防护套装。

任务训练

一、车载充电机的检查维护

1. 车载充电机的特点

车载充电机是充电系统的关键部件之一。车载充电机相对于传统工业电源，具有效率高、体积小、耐受恶劣工作环境等优点。车载充电机具备以下特点：

（1）根据电池特性设计充电曲线，可以延长蓄电池的寿命。

（2）使用方便，维护简单，智能充电，无须人工值守。

（3）保护功能齐全，具有过电压、欠电压、过电流、过热、短路和输出反接等保护功能。

（4）直观性强，充电过程和故障采用指示灯，能一目了然。

（5）采用高频开关技术，使得充电机效率高、体积小、质量轻。

2. 北汽新能源电动汽车车载充电机及其功能

北汽新能源电动汽车车载充电机如图 2-1-6 所示。

图 2-1-6　北汽新能源电动汽车车载充电机

该车载充电机具备如下功能：

（1）具备通过高速 CAN 网络与蓄电池管理系统通信的功能，可判断动力蓄电池连接状态是否正确；获得电池系统参数，以及充电前和充电过程中整组和单体蓄电池的实时数据。

（2）可通过高速 CAN 网络与车辆监控系统通信，上传充电机的工作状态、工作参数和故障警告信息，接收启动充电或停止充电控制命令。

（3）完备的安全防护措施。具备交流输入过电压保护功能、交流输入欠电压警告功能、交流输入过电流保护功能、直流输出过电流保护功能、直流输出短路保护功能。

（4）温度控制功能。当散热器温度低于 45 °C 时，风扇不转动，当散热器温度高于 45 °C，风扇开始转动，可以减小噪声和延长风扇寿命。整机温度保护为 65 °C，当机内温度达到 65 °C 时，充电机停止工作，等待散热至低于 65 °C 后，自动恢复工作。

3. 车载充电机工作流程

（1）插上 220 V 交流电源供电。

（2）低压唤醒整车控制系统。

（3）蓄电池管理系统检测充电需求。

（4）蓄电池管理系统给车载充电机发送工作指令并闭合继电器。

（5）车载充电机开始工作，进行充电。

（6）电池检测充电完成后，给车载充电机发送停止指令。

（7）车载充电机停止工作。

（8）电池断开继电器。

4. 车载充电机状态判断（AC/DC 功能检测）

车载充电机上有 3 个指示灯，分别为 CHARGE、POWER、ERROR，可以用来指示充电机的工作状态，以帮助车主判断充电是否正常。检测方法：对车辆进行充电，查看指示灯是否正常。

3 个指示灯含义如下：

（1）POWER 灯：电源指示灯，当接通交流电后，电源指示灯亮起。当启动 0.5 min 后仍只有 POWER 灯亮时，有可能为电池无充电请求或已充满。

（2）CHARGE 灯（北汽新能源汽车 EV200 称 RUN 灯）：当充电机接通电池进入充电状态后，充电指示灯和 POWER 灯同时亮起。

（3）ERROR 灯（北汽新能源汽车 EV200 称 FAULT 灯）：报警指示灯，当充电机内部有故障时亮起。

当充电灯都不亮时，检查充电桩、充电线束及插接件。

5. 车载充电机常见的故障及排除方法

（1）充电桩显示车辆未连接。

解决方案：检查车辆与充电桩两端充电枪是否反接。

（2）动力蓄电池继电器未闭合。

解决方案：检查插接器是否正常连接，检查充电机输出唤醒是否正常。

（3）电池继电器正常闭合但充电机无输出电流。

解决方案：检查车端充电枪是否连接到位，检查高压熔断器是否熔断，检查高压插接器及线缆是否正确连接。

6. 车载充电机日常维护注意事项

（1）检查散热风扇是否有异物。

（2）散热器上尽可能减少杂物，保证散热时风道畅通。

（3）检查低压插接器是否有松动，保证插接器可靠连接。

（4）检查高压插接器是否可靠连接。

（5）检查外壳是否有明显碰撞痕迹，对充电机内部模块是否会造成损坏。

二、DC/DC 变换器检测和维护

DC/DC 变换器如图 2-1-7 所示。

图 2-1-7　DC/DC 变换器

它的作用是将动力蓄电池的高压电转为低压电，给蓄电池及低压系统供电，相当于传统汽车的发电机。DC/DC 变换器具有效率高、体积小、耐受恶劣工作环境等特点。

1. DC/DC 变换器的基本功能

（1）当输入直流电压在一定范围内变化时，能按负载要求的变化范围输出直流电压。

（2）输出负载要求的直流电流范围。能够输出足够的直流负载电流，并且能够允许在足够宽的负载变化范围内正常运行。

（3）变换器是能量传递部件，因此需要较高的转换效率，以便提高能源的利用率。

（4）为了降低对燃料电池的输出电压要求，变换器应具有升压功能。DC/DC 变换器的主要技术指标见表 2-1-1。

表 2-1-1　DC/DC 变换器的主要技术指标

序号	主要技术指标	具体参数
1	输入电压	DC 240～410 V
2	输出电压	DC 14 V
3	效率峰值	大于 88%
4	冷却方式	风冷
5	防护等级	IP67

2. DC/DC 变换器的工作流程

（1）整车 ON 挡上电或充电唤醒上电。

（2）动力蓄电池完成高压系统预充电流程。

（3）VCU 发给 DC/DC 变换器使能信号。

（4）DC/DC 变换器开始工作。

3. DC/DC 变换器功能检测

用万用表检测 DC/DC 变换器输出电压是否符合要求，以判断其工作性能。检测方法如下：

（1）将车钥匙置于 OFF 挡，断开所有用电器并拔出钥匙。

（2）按压辅助蓄电池锁压件，打开盖板并裸露出辅助蓄电池正极。

（3）使用专用万用表电压挡位测量辅助蓄电池的电压，并记录此电压值。

（4）将车钥匙置于 ON 挡位置。

（5）使用专用万用表电压挡位测量辅助蓄电池的电压，这时所测的这个电压值是 DC/DC 变换器输出的电压。

检测结果：DC/DC 变换器正常输出电压为 13.5～14 V（关闭车上的用电设备的情况下）。如果两次测量电压一致，且均低于 13.5 V，说明 DC/DC 变换器故障，应检查插接器是否正常连接、高压熔断器是否熔断、使能信号是否给出。

4. DC/DC 变换器日常维护注意事项

（1）散热器上尽可能减少杂物，保证散热时风道畅通。

（2）保证低压插接器可靠连接。

（3）检查高压插接器是否可靠连接。

（4）检查外壳是否有明显碰撞痕迹，DC/DC 变换器模块是否损坏。

三、充电系统其他检查

1. 充电线束检查

检查充电线外观及其插头状态，充电过程中充电线会产生热量，检查是否有破损、裂痕。如有破损，须及时更换，避免对人员或车辆造成伤害。另外，对充电线束进行充电测试，检测充电线是否导通。

2. 充电口盖开关状态检查

如果充电口盖出现问题，车辆将无法正常启动。检查方法如下：

（1）当充电口盖板打开时，仪表充电指示灯应常亮；当关闭充电口盖板时，仪表充电指示灯应熄灭。

（2）检查充电口盖板能否正常开启或关闭。

任务拓展

特斯拉 Model S 的 5 种充电方式

（1）手机插接器：采用普通 110 V/220 V 民用电插座充电，30 h 充满。

（2）单充电器：集成的 10 kW 充电器，10 h 充满。

（3）双充电器：集成的 20 kW 充电器，5 h 充满。

（4）大功率墙体插接器：一种快速充电器，可以装在家庭墙壁或者停车场，充电时间可以缩短为 5 h。

（5）超级充电：45 min 能充 80%的电量，这种快速充电装置现在仅在部分发达地区使用，还未得到普及。

任务二　动力电池系统维护与保养

任务描述

小明在某新能源汽车 4S 店实习，师傅告诉他要对某品牌纯电动汽车动力电池进行维护作业，你知道纯电动汽车动力电池维护内容有哪些吗？对其进行维护时有什么注意事项？

任务目标

（1）能快速找到动力电池的安装位置、各标识的位置和插接件位置。

（2）能正确对纯电动汽车充电系统进行检查作业。

（3）能正确对纯电动汽车进行充电作业。

（4）能对纯电动汽车动力电池进行维护作业。

（5）能正确进行快充口及高压系统的绝缘测试。

任务学习

动力电池是纯电动汽车中成本最高的部件，占整车成本的 25%～60%；而目前其使用寿命为 3～7 年，小于整车的使用寿命（10～15 年）。合理地维护动力电池，可以最大限度地延长动力电池的使用寿命，从而达到降低汽车使用成本的目的。

一、纯电动汽车对动力电池的要求

1. 比能量高

为了提高纯电动汽车的续驶里程，要求电动汽车上的动力电池尽可能储存多的能量，但电动汽车又不能太重，其安装电池的空间也有限，这就要求电池具有较高的比能量。

2. 比功率大

为了使电动汽车在加速行驶、爬坡和负载行驶等方面能与燃油汽车抗衡，就要求电池具有较高的比功率。

3. 循环寿命长

循环寿命越长，则电池在正常使用周期内支撑电动汽车行驶的里程数就越大，有助于降低车辆在使用周期内的运行成本。

4. 均匀一致性好

对于电动汽车而言，电池组的工作电压大多都要达到数百伏，这就要求电池组有上百节电池进行串联；为了达到设计容量要求，有时甚至需要更多。某一个单体电池的问题可能会影响整个动力电池组，从而导致电动汽车出现能量损失增加、续驶里程变短等问题。

二、纯电动汽车的电能补充

纯电动汽车的电能补充可以分为两种模式，即充电模式和换电模式。其中，换电又称为机械充电，它是通过直接更换已充满电的动力电池来达到电动汽车电能补充的目的。纯电动汽车动力蓄电池放电后，用直流电源连接动力蓄电池，将电能转化为动力蓄电池的化学能，使它恢复工作能力，这个过程称为动力蓄电池充电。动力蓄电池充电时，正极与充电电源正极相连，负极与充电电源负极相连，充电电源电压必须高于动力蓄电池的总电动势。

目前，由于换电模式面临着很多问题，如换电站建设成本太高；各个企业的电动汽车技术标准不同，电池标准也千差万别；车企普遍不愿意共享技术标准等，因而发展较慢。2012 年，国务院印发的《节能与新能源汽车产业发展规划（2012—2020 年）》出台，确立了以充电为主的电动汽车发展方向。

合适的充电方式不仅能够最大限度地发挥电池的容量，而且可以延长电池的使用寿命。电动汽车的充电方式可分为交流充电和直流充电两种：消费者在自家充电一般采用专业公司安装的充电墙进行交流充电，在公共停车场或充电站一般采用交流充电桩进行交流充电或采用直流充电桩进行直流充电。

1. 交流充电

纯电动汽车交流充电方式以较低的充电电流对电动汽车进行充电，其充电过程如图 2-2-1 所示。

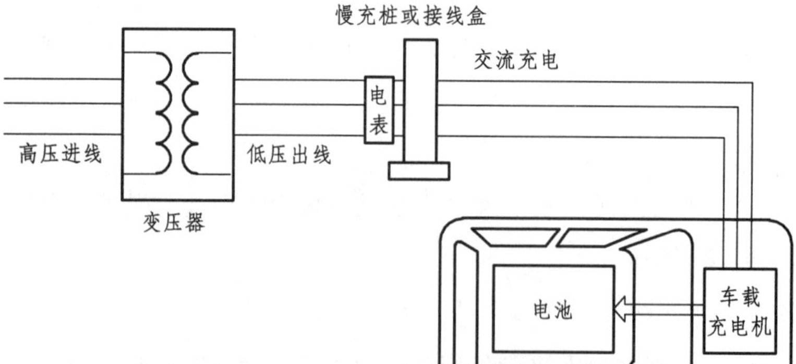

图 2-2-1　纯电动汽车交流充电示意图

该充电方式一般充电时间较长，也就是前文说的慢充。交流充电方式的充电装置安装成本比较低，电动汽车家用充电设施（车载充电机）多采用这种充电方式。该充电方式可以充分利用电力低谷时段进行充电，降低充电成本，提高充电效率，并延长电池的使用寿命。

2. 直流充电

直流充电方式以较高的充电电流在短时间内为蓄电池充电，其充电过程如图 2-2-2 所示。

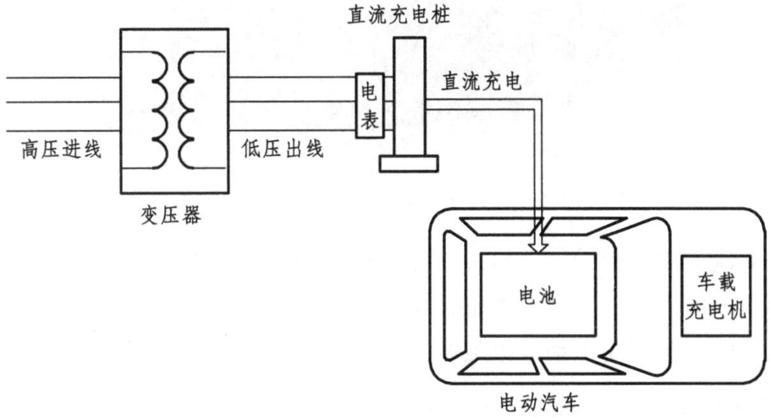

图 2-2-2　纯电动汽车直流充电示意图

该充电方式充电时间短，也就是通常说的快充。直流充电方式的充电装置安装成本相对较高，充电时电能利用率较低，对电池寿命也有一定的影响。

三、北汽 EV160 纯电动汽车的动力电池及充电系统

1. 北汽 EV160 纯电动汽车的动力电池

北汽 EV160 纯电动汽车动力电池箱（见图 2-2-3）通过若干个螺栓和车身连接，安装在整车下部。动力电池箱主要起到保护动力电池的作用，因此其箱体要坚固、防水。箱体可以分为上箱体和下箱体。上箱体一般不会受到冲击，并且为了减轻质量，采用玻璃钢材质。下箱体在整车的下部，为了防止路面磕碰等情况伤害动力电池，采用铸铁材质。上下箱体之间通过硅酮胶进行密封，并有定位装置进行定位。

图 2-2-3　北汽 EV160 纯电动汽车动力电池箱

北汽 EV160 纯电动汽车动力电池如图 2-2-4 所示。

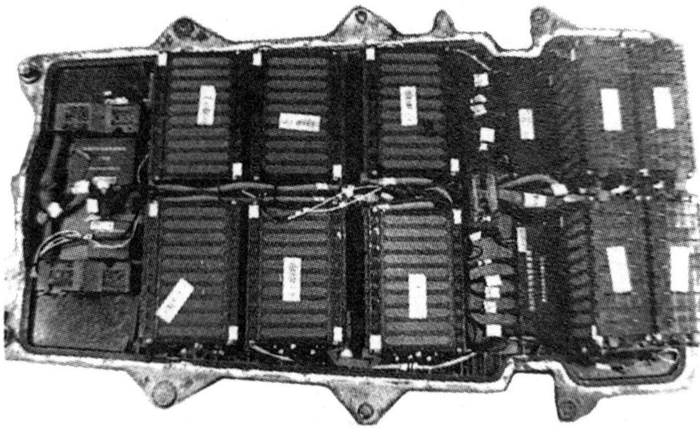

图 2-2-4　北汽 EV160 纯电动汽车动力电池

该动力电池主要由两大部分组成，即电池管理系统和电池本体部分。其中，电池管理系统相当于动力电池的神经中枢，主要对电池状态进行监测，对电池电量等进行管理。电池本体部分主要由动力电池组、动力电池箱及辅助器件三部分组成。

2. 北汽 EV160 纯电动汽车的充电系统

北汽 EV160 纯电动汽车的充电系统可以分为动力电池充电系统和低压蓄电池充电系统。动力电池充电系统是指利用外接电源给动力电池充电；低压蓄电池充电系统是指利用动力电池给低压蓄电池充电。

（1）动力电池充电系统。

动力电池充电系统示意图如图 2-2-5 所示。

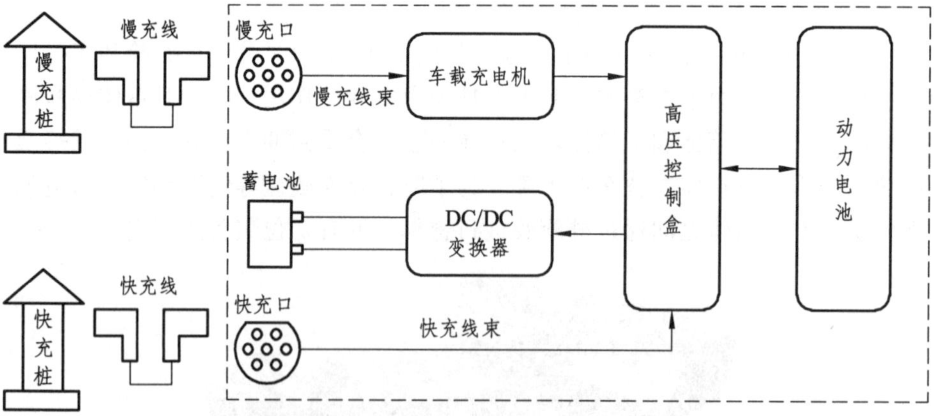

图 2-2-5　动力电池充电系统示意图

动力电池充电系统包括交流慢充和直流快充两种方式。慢充时，供电设备（慢充桩或家用交流电）通过慢充线、慢充口将交流电提供给车载充电机，车载充电机将其变成高压、直流电之后，送入高压控制盒，然后给动力电池进行充电。快充时，供电设备（一般为快充桩）通过快充线、快充口将高压直流电提供给高压控制盒，然后给动力电池进行充电。

北汽 EV160 纯电动汽车高配车型还具有远程充电控制功能，车主可以打开手机 APP 通过车辆控制（见图 2-2-6）进行一些远程操作，如远程充电等。低配车型尚无此功能。

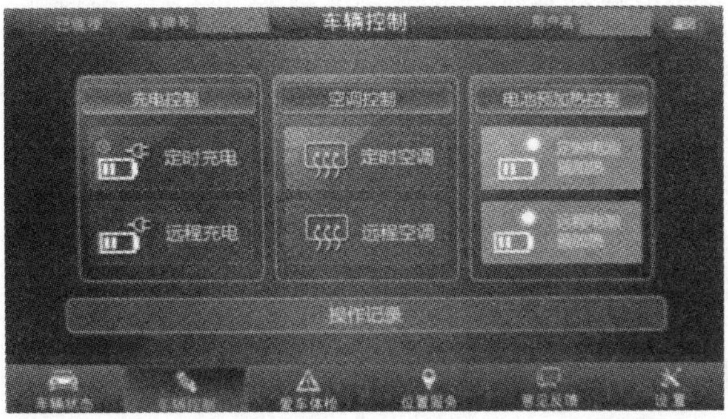

图 2-2-6　北汽 EV160 纯电动汽车手机 APP 远程控制界面

（2）低压蓄电池充电系统。

低压蓄电池充电系统是动力电池通过 DC/DC 变换器给蓄电池充电或给低压用电设备供电。图 2-2-7 所示为北汽 EV160 纯电动汽车的 DC/DC 变换器。

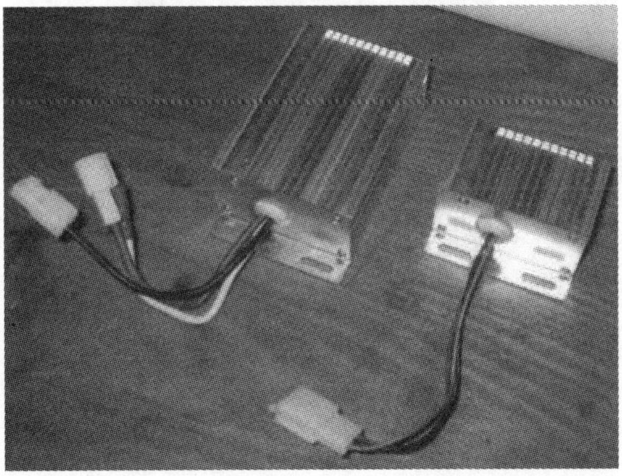

图 2-2-7　北汽 EV160 纯电动汽车的 DC/DC 变换器

任务准备

实训用车、实训台架、工具若干、安全防护套装。

任务训练

一、动力电池系统维护

动力电池是纯电动汽车的储能元件，若受碰撞、挤压，则可能导致动力电池损坏，甚至造成事故；汽车运行时的振动可能会导致紧固件松脱、线束磨损，使其可靠性降低，甚至引发危险。因此，对动力电池及充电系统的维护，首先要从安全入手，保证其在使用过程中的安全性。

在对动力电池及充电系统进行维护时，部分作业需要带高压作业，因此，要做好个人及车间防护工作，作业时要注意规范性。

二、实操步骤

1. 外观检查

（1）举升车辆，目测动力电池底部（见图 2-2-8）有无磕碰、划伤、损坏等现象。如有这些现象，应及时予以修理或更换。

图 2-2-8　动力电池底部

（2）目测动力电池高低压插接件（见图 2-2-9）有无变形、松脱、密封及损坏等情况。如有这些现象，应及时予以修理或更换。

图 2-2-9　动力电池高低压插接件

（3）检查标识有无脱落。动力电池标识如图 2-2-10 所示。

图 2-2-10　动力电池标识

（4）检测动力电池固定螺栓力矩，固定螺栓标准力矩为 95 ~ 105 N · m。

2. 电池管理系统（BMS）维护

（1）CAN 电阻检查。

目的：确保 BMS 与外界通信质量。

方法：用万用表欧姆挡测量 CAN1（3）-H 对 CANI1（3）-L 的电阻，其端子定义如图 2-2-11 所示。CAN1（3）-H 对 CAN1（3）-L 分别对应端子 P 和端子 R，测量阻值应为 120 Ω。

B—BMS 供电正极；C—唤醒信号；F—负极继电器控制；G—BMS 供电负极；H—继电器供电正极；J—继电器供电负极；L—低压蓄电池正极；N—新能源 CAN 屏蔽；P—新能源 CAN-H；R—新能源 CAN-L；U—动力电池内部 CAN-H；V—动力电池内部 CAN-L；S—快充 CAN-H；T—快充 CAN-L；W—动力电池 CAN 屏蔽。

图 2-2-11　BMS 端子定义

（2）BMS 程序升级。

动力电池厂家会定期要求对 BMS 系统软件进行升级，以获得更佳的控制效率。该项工作一般采用专用仪器按照厂家升级规范进行。

3. 动力电池测试

（1）单体电池一致性测试。

（2）电池箱内部温度采集点检查。

目的：确保测温点工作正常，采集点合理。

方法：计算机监控温度与红外测温仪所得温度进行对比，检查温度传感器的精度。

（3）继电器测试。

目的：防止继电器损坏，车辆无法正常上高压。

方法：用监控软件启动关闭总正、总负继电器。

（4）电池加热系统测试。

目的：确保加热系统工作正常，避免影响冬季充电。

方法：电池箱通 12 V 电源，打开监控软件，启动加热系统，利用软件读取电池温度。

（5）绝缘测试。

注意：进行绝缘测试前，要按照规范操作进行下电作业。

目的：掌握电动汽车高压系统的运行状况，保证其绝缘的完好性，判断电气设备能否继续投入运行和预防损坏，使设备始终保持在较高的绝缘水平。

方法：将高压盒打开，用绝缘表测试继电器两端总正、总负对地电阻，阻值均应大于 500 Ω/V（1 000 V）。其操作过程与快充口绝缘测试一致，不再赘述。

4. 动力箱内部维护

（1）模组连接件检查。

目的：防止螺钉松动，以免造成连接件故障。

方法：用做好绝缘的扭力扳手紧固，拧紧力矩为 35 N · m。

（2）电压采集线检查。

目的：防止电压采集线连接不牢固，导致所测电压数据不准确。

方法：将电压采集线从板插接件拔下，然后再重新安装一次。

（3）熔断器检查。

目的：检查熔断器状态是否良好，保证遇到事故时可正常工作。

方法：用万用表二极管挡测量熔断器的通断。

（4）电箱密封检查。

目的：保证电箱密封良好，防止有水进入。

方法：目测检查密封胶条。

（5）高低压插接件可靠性检查。

目的：确保插接件正常使用。

方法：检查是否有松动、破损、腐蚀等情况。

（6）电池包安装点检查。

目的：防止电池包脱落。

方法：目测检查每个安装点焊接处是否有裂纹。

（7）保温检查。

目的：确保冬季电池包内部温度正常。

方法：目测检查电池包内部边缘保温棉是否脱落、损坏。

（8）电池包高低压线缆检查。

目的：确保电池包内部线缆正常、不漏电。

方法：目测检查电池包内部线缆是否破损或受挤压而变形。

任务拓展

纯电动汽车的换电模式

纯电动汽车的换电模式是指当纯电动汽车电池电量不足时直接更换已经充满电的电池，达到快速补充电能的目的，类似于早期手机的备用电池。

1. 换电模式的优点

（1）电能补充快。

以某综合充换电站为例，一般给一辆电动公交车进行换电操作只需 12 min 就可以完成，与燃油汽车加油所需时间基本相同。一辆电动出租车在纯电动汽车充换电站进行换电操作，整个换电过程在 5 min 左右。可见，换电操作节省了大量的充电等待时间，大大提高了客户使用的方便性。

（2）提高电池的使用寿命，降低使用成本。

换电站给动力电池充电的过程同时也是对动力电池的维护过程，这对提高动力电池的寿命是非常有利的。同时，换电模式还减少了动力电池进行快速充电的次数，这也提高了电池的使用寿命。由于电动汽车的成本中动力电池占了相当大的比例，提高电池的使用寿命就意味着降低了电动汽车的使用成本。

（3）解决了充电难问题。

目前，充电桩的数量远远不能满足电动汽车的充电需求，是电动汽车发展的一大制约条件。换电模式由于更换电池需要的时间短，因此，可以在短时间内满足电动汽车补充电能的需求。如果换电站的数量达到一定规模，甚至电动汽车续驶里程短的缺陷都能得到解决。

2. 换电模式的缺点

（1）换电站建设成本太高。

（2）各个企业的电动汽车技术标准不同，电池标准也千差万别。

（3）车企普遍不愿意共享技术标准。

若能避开缺点，发扬优点，那么纯电动汽车目前所面临的充电难问题将会得到极大的改善，纯电动汽车的普及也就指日可待。

项目三

新能源汽车驱动系统维护与保养

任务一　冷却系统维护与保养

任务描述

小明在某 4S 店实习，现有一辆新能源汽车仪表盘显示水温异常。假如你是小明的师傅，需要指导小明解决这一异常现象，你知道要做些什么吗？

任务目标

（1）能够更换或添加冷却液。

（2）能够对冷却液进行冰点测试。

任务学习

一、北汽 EV160 纯电动汽车冷却系统

北汽 EV160 纯电动汽车的发热部件主要有动力电池、驱动电机、电机控制器、车载充电机、DC/DC 变换器等。这些部件产生的热量如果不能及时地散发出去，将导致

车辆限制转矩运行，甚至损坏零部件。冷却系统的功用是保证其在要求的温度范围之内稳定高效地工作。

北汽 EV160 纯电动汽车的冷却系统如图 3-1-1 所示。

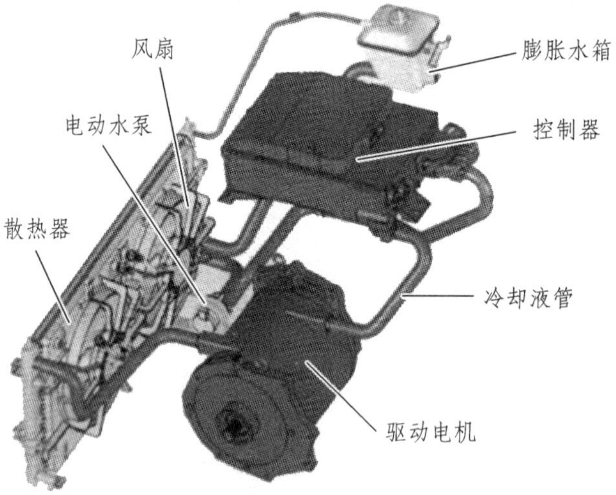

图 3-1-1 纯电动汽车冷却系统

该冷却系统只有驱动电机和电机控制器是水冷，其余为风冷。新款北汽 EV160 纯电动汽车的冷却系统将车载充电机、DC/DC 变换器集成在一起，并采用水冷的方式。

二、冷却液质量要求及质量检查

1. 冷却液的质量要求

冷却液又称为防冻液，是由水、防冻添加剂及防止金属产生锈蚀的添加剂组成的液体。现在市面上使用最多的是以乙二醇为主要防冻成分，再添加缓蚀剂、消泡剂、着色剂、防霉剂和缓冲剂等组成的防冻冷却液。冷却液作为冷却介质，除了要有良好的散热性外，还要有以下性能。

（1）防结冰作用。

液体在冬季气温低于 0 °C 时会结冰，不但无法流动散热，还会胀裂管道。为使汽车在冬季低温下仍能继续使用，冷却液都加入了乙二醇等一些能够降低水冰点的物质作为防冻剂，保持在低温天气时冷却系统不冻结。

（2）防腐作用。

冷却系统中散热器、水泵、驱动电机、控制器外壳、分水管等部件是由钢、铜、铝、焊锡等金属组成的，在冷却液中电解质的作用下容易发生电化学腐蚀，冷却液中的二元醇类物质分解后形成的酸性产物也会促进冷却系统腐蚀。同时，腐蚀产物会堵塞管道，引起电机过热失效，因而冷却液中都加入一定量的防腐蚀剂，防止冷却系统产生腐蚀。

（3）防垢作用。

冷却系统中的水垢来源于水中的钙、镁等阳离子。水垢能磨损水泵密封件并覆盖在设备冷却水套、水箱管道内壁，使其导热率下降。因此，为了减少水垢的生成，冷却液在生产和加注过程中均要求使用经过软化处理的去离子水。

（4）防沸腾作用。

冷却液沸腾汽化，不仅会加大对冷却系统的气蚀损坏，还会造成冷却液超量消耗。因此，冷却液中添加了提高沸点的物质，以防止出现“开锅”现象。

2. 冷却液冰点检查方法

（1）冷却液外观检查。

GB 29743—2013《机动车发动机冷却液》规定，目视冷却液应外观清亮透明，无沉淀及悬浮物，无刺激性气味。

（2）冷却液冰点检测。

冷却液冰点应该低于当地最低气温 10 °C 以上，才可保证安全使用。冷却液商品包装上面会注明该冷却液的成分、冰点及沸点等性能参数。冰点测量使用冰点检测仪，如图 3-1-2 所示。

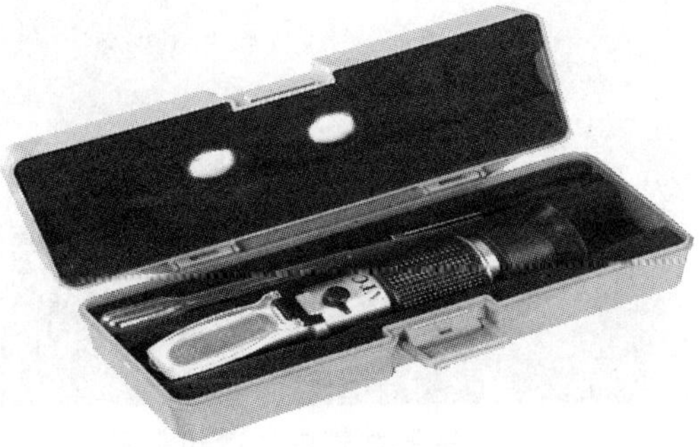

图 3-1-2　冰点检测仪

当使用冰点检测仪时，用柔软的绒布将盖板及棱镜表面擦拭干净，将待测液体用吸管滴于棱镜表面，合上盖板并轻轻按压。将冰点检测仪对向明亮处，旋转目镜使视场内刻度线清晰，读出明暗分界线在标示板上相应标尺上的数值，即为该冷却液冰点值。

任务准备

实训用车、相应工具、冷却液。

任务训练

一、冷却系统的检查维护

在检查前机舱任何部件之前，整车需要下电，将点火开关关闭，断开辅助蓄电池负极。

二、实操步骤

1. 冷却液液位检查

电动汽车冷却液液位必须定期检查，在冷却液处于冷态时目视检查，膨胀水箱内的冷却液的高度应保持在“MAX”和“MIN”两条标记线之间，如图 3-1-3 所示。

图 3-1-3 膨胀水箱内的冷却液高度

检查冷却液外观质量时，在打开散热器盖之前，必须确认电机、DC/DC 变换器、电机控制器以及散热器均已冷却。在电动机未完全冷却时，严禁打开散热器盖，否则可能会导致冷却液喷出，造成严重烫伤。

2. 检查冷却系统有无泄漏现象

检查冷却系统各管路和各部件接口处有无泄漏现象。

3. 导线检查

检查水泵和风扇电机电源导线是否有老化、破皮及电源线铜芯外露等现象。若有，应及时维修。

4. 泄漏检查

检查散热器盖、软管处有无泄漏，芯体是否老化、堵塞。若有，应更换。

5. 清理散热器

检查散热器和空调散热片通风道，若出现碎屑堆积，应进行清理。在电机冷却后，在散热器后部（电机侧）使用压缩空气来冲走散热器或空调冷凝器的碎屑，严禁使用水枪对散热器散热片进行清洗。

任务拓展

冷却液的基本知识

冷却液由水、防冻剂和添加剂三部分组成，按防冻剂成分不同可分为酒精型、甘油型、乙二醇型和丙二醇（MPG）型冷却液。

酒精型冷却液是用乙醇（俗称酒精）作为防冻剂，价格便宜，流动性好，配制工艺简单，但由于沸点较低、易蒸发损失、冰点易升高、易燃等缺点，现已逐渐被淘汰。

甘油型冷却液沸点高、挥发性小、不易着火、无毒、腐蚀性小，但降低冰点效果不佳，且成本高、价格昂贵，用户难以接受，只有少数北欧国家仍在使用。

乙二醇型冷却液是用乙二醇作为防冻剂，并添加少量抗泡沫、防腐蚀等综合添加剂配制而成。由于乙二醇易溶于水，可以任意配成各种冰点的冷却液，其最低冰点可达 – 68 °C。这种冷却液具有沸点高、泡沫倾向低、黏温性能好、防腐和防垢等特点，是较为理想的冷却液。但是目前国内构成冷却液主体的乙二醇是一种毒性大且难以生物降解的化合物。

为了替代乙二醇，许多欧洲国家多采用 MPG 作为冷却液调配基液。国内对 MPG 型冷却液的相关科研工作也日趋成熟。MPG 型冷却液一般分为水-MPG 型冷却液和无水 MPC 型冷却液，其中无水 MPG 型冷却液性能优越，特点如下：

（1）冷却液冰点低达 – 68 °C，沸点高达 187 °C，具备十分优良的抗沸抗冻性能。

（2）由于无水存在，冷却系统在低压状态下运行，避免了高压对金属的侵蚀。

（3）二醇的氧化反应被阻断，不会产生腐蚀性有机酸，系统的 pH 值得以保持，缓蚀剂可以少加或不加。

（4）无水 MPG 型冷却液蒸气压和蒸气密度远远低于有水型冷却液，大大减小了流体从高压区向低压区、从低温区向高温区流动过程中出现的气蚀及发动机重负荷运转下的超声波抖动气蚀，即无水 MPG 型冷却液在不使用亚硝酸盐的情况下仍有足够的抗气蚀能力，具备重负荷冷却液的性能特征，这在重负荷冷却系统中有着重要的实际意义。

任务二　驱动系统维护与保养

任务描述

小明在某新能源汽车4S店实习，今天他要对一台纯电动汽车驱动系统进行维护作业，但是他对纯电动汽车驱动系统维护的内容和注意事项不是太清楚，你能帮助他吗？

任务目标

（1）能够快速找到驱动系统各零部件的安装位置、高低压线束及插接件的位置。

（2）能够对电机控制器进行维护。

（3）能够对减速驱动桥进行换油作业。

任务学习

一、纯电动汽车驱动系统

1. 纯电动汽车驱动系统组成及工作原理

纯电动汽车驱动系统主要由电控单元、驱动电机、电机逆变器、各种传感器、机械传动装置和车轮等组成，示意图见图3-2-1。

纯电动汽车驱动系统能够将动力电池输出的电能转换为车轮上的机械能，驱动车辆行驶，并能够在汽车减速制动时，将车轮的动能转化为电能充入动力电池，是电动汽车的关键组成部分。它以驾驶人的操作（主要是以加速踏板位置的操作）为输入，经过驱动系统电控单元的计算后，将输出转矩给定值提供给电机逆变器，最终电机逆变器根据这个给定值控制驱动电机输入功率（电流、电压），从而使纯电动汽车以驾驶人预期的状态行驶。

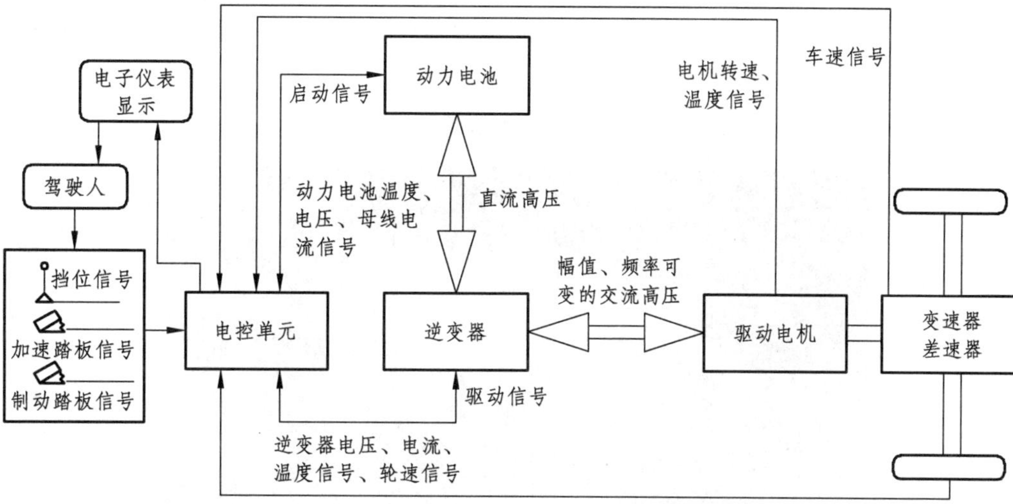

图 3-2-1　纯电动汽车驱动系统组成

2. 纯电动汽车驱动系统的分类

根据驱动电机的不同，纯电动汽车驱动系统主要可以分为四大类，其特点和主要应用场合见表 3-2-1。

表 3-2-1　纯电动汽车驱动系统分类、特点和主要应用场合

名称	直流电机驱动系统	感应电机驱动系统	永磁无刷电机系统	开关磁阻电机驱动系统
电机类型	直流电机	感应电机	永磁电机	开关磁阻电机
优点	速度控制简单、成本低；启动转矩和制动转矩大，易于快速启动和停止；调速范围广、调速方便	结构简单、坚固，成本低，免维护，工作性能稳定，可靠性好，使用寿命长；较直流电动机效率高、体积小、质量轻；转矩脉动小、噪声小、转速极限高、响应快；可采用空气冷却或液体冷却方式，冷却速度快；对环境的适应性好，并能实现再生反馈制动	体积小，调频范围宽、功率密度和效率高、惯性小、响应快	结构简单，使用安全可靠；低速转矩大、启动转矩高、启动电流小；转子无绕组、工作效率高、调频范围宽
缺点	质量大、体积大、可靠性差，需要定期维护；由于电刷、换向器等磨损，使得效率较低	逆变器结构复杂，且容易损坏；驱动电路复杂，成本高	价格高，同时大功率的永磁电机难以做到体积小、质量轻	有严重的转矩脉动，使电机的振动和噪声大、非线性严重，逆变器复杂、价格高
应用场合	城市无轨电车	特斯拉	北汽 EV	景区观光车

二、北汽 EV160 纯电动汽车驱动系统

北汽 EV160 纯电动汽车的驱动系统是永磁无刷电机系统，主要由驱动电机系统和减速驱动桥总成（减速驱动桥总成是一个减速器与主减速器、差速器组合在一起的总成）组成。北汽 EV160 纯电动汽车驱动电机与减速器总成（减速驱动桥）的位置如图 3-2-2 所示，A 为驱动电机，B 为减速驱动桥总成。

图 3-2-2　北汽 EV160 纯电动汽车驱动电机与减速器总成

1. 驱动电机系统

驱动电机是纯电动汽车的三大核心部件之一，是车辆行驶的主要执行机构。其特性决定了车辆的主要性能指标，直接影响车辆动力性、经济性和用户的驾乘感受。

北汽 EV160 纯电动汽车驱动电机系统由驱动电机（DM）、驱动电机控制器（MCU）构成，通过高低压线束、冷却管路，与整车其他系统作电气和散热连接，如图 3-2-3 所示。

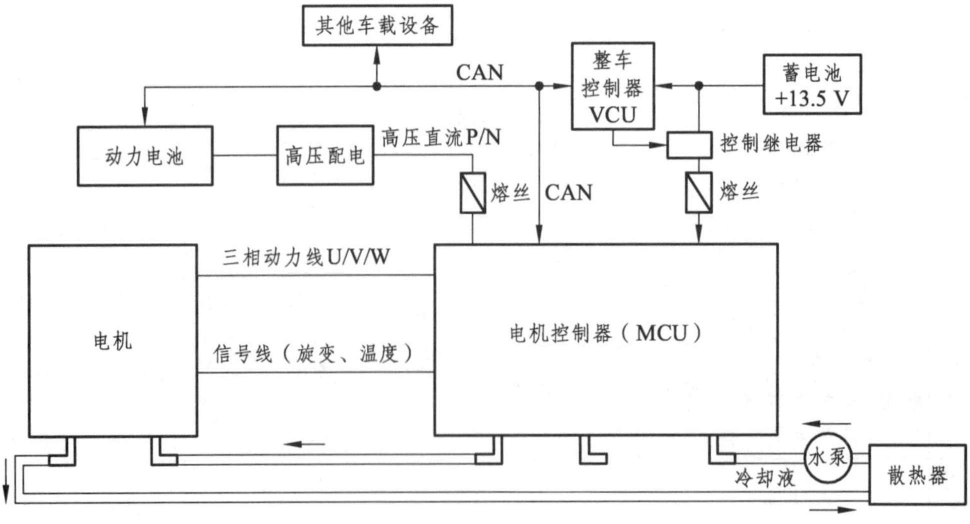

图 3-2-3　北汽 EV160 纯电动汽车驱动电机系统

整车控制器（VCU）根据驾驶人意图发出各种指令，电机控制器响应并反馈，实时调整驱动电机输出，以实现整车的怠速、前进、倒车、停车、能量回收以及停驻等功能。电机控制器的另一个重要功能是通信和保护，实时进行状态和故障检测，保护驱动电机系统和整车安全可靠运行。

（1）驱动电机。

北汽 EV160 纯电动汽车采用 C33DB 型永磁同步电机，是动力系统的重要执行机构，是电能与机械能转化的部件，且自身的运行状态等信息可以被采集到驱动电机控制器中。其结构如图 3-2-4 所示。

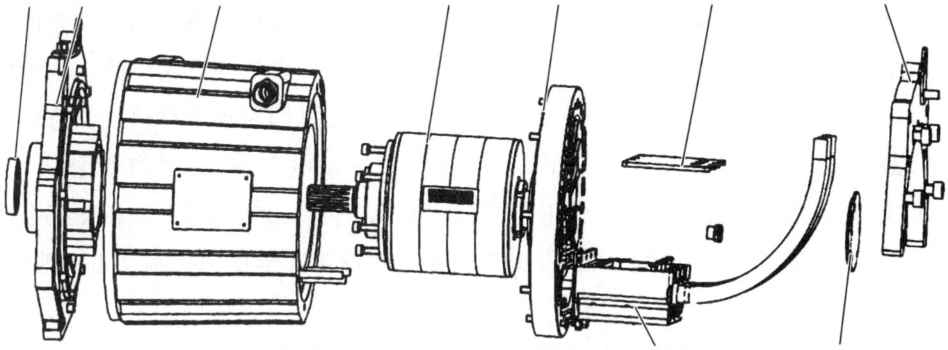

图 3-2-4　C33DB 型永磁同步电机结构简图

北汽 EV160 纯电动汽车 C33DB 型永磁同步电机依靠内置传感器来提供电机的工作信息。这些传感器包括旋转变压器（用以检测电机转子位置，控制器解码后可以获知电机转速）、温度传感器（用以检测电机的绕组温度，控制器可以保护电机避免过热），如图 3-2-5 所示。

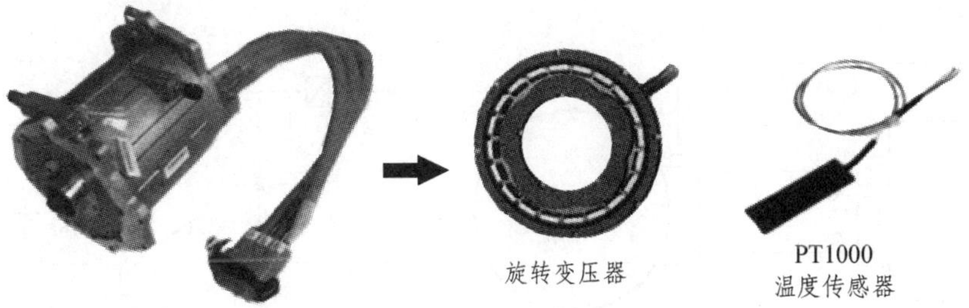

图 3-2-5　C33DB 型永磁同步电机内置传感器

（2）电机控制器。

C33DB 驱动电机控制器采用三相两电平电压源型逆变器，是驱动电机系统的控制中心，又称为智能功率模块，以 IGBT（绝缘栅双极型晶体管）模块为核心，辅以驱动集成电路、主控集成电路，如图 3-2-6 所示。

图 3-2-6 IGBT 模块

电机控制器对所有的输入信号进行处理，并将驱动电机控制系统运行状态的信息通过 CAN2.0 网络发送给整车控制器。驱动电机控制器内含故障诊断电路，当诊断出现异常时，它将会激活一个故障码，发送给整车控制器，同时也会存储该故障码和数据。C33DB 驱动电机控制器使用以下传感器来提供驱动电机系统的工作信息：

① 电流传感器：用以检测电机工作的实际电流（包括母线电流、三相交流电流）。

② 电压传感器：用以检测供给电机控制器工作的实际电压（包括动力电池电压、12 V 蓄电池电压）。

③ 温度传感器：用以检测电机控制系统的工作温度（包括 IGBT 模块温度、电机控制器板载温度）。

在 C33DB 驱动电机系统中，驱动电机的输出动作主要是靠控制单元给定的命令执行，即控制器输出命令。电机控制器根据给定的命令将输入的直流电逆变成电压、频率可调的三相交流电，供给配套的三相交流永磁同步电机使用。C33DB 驱动电机系统工作原理如图 3-2-7 所示。

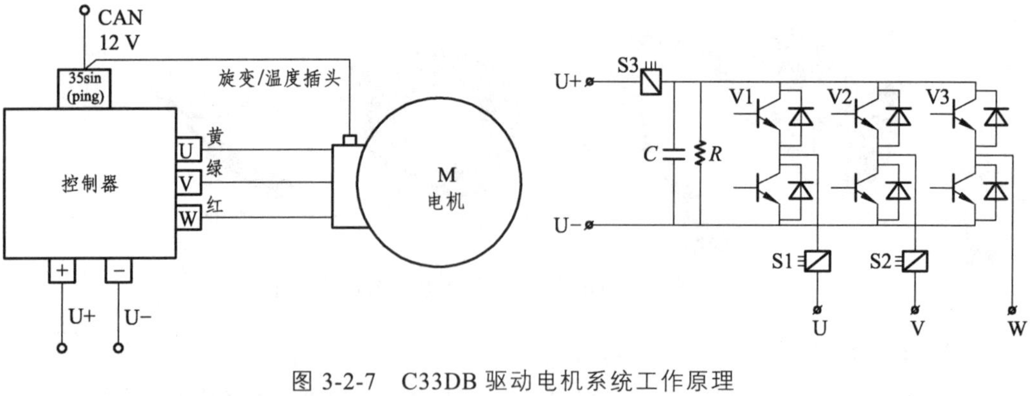

图 3-2-7 C33DB 驱动电机系统工作原理

2. 减速驱动桥总成

C33DB 驱动电机系统搭载的减速驱动桥总成型号为 EF126B02，如图 3-2-8 所示。

图 3-2-8　EF126B02 型减速器

其主要功能是将整车驱动电机的转速降低、转矩升高，以实现整车对驱动电机的转矩、转速需求。减速驱动桥的基本参数见表 3-2-2。

表 3-2-2　EF126B02 型减速驱动桥基本参数

驱动方式		横置前轮驱动
驻车功能		无
质量		23 kg
性能参数	最高输入转速	9 000 r/min
	转矩范围	≤260 N · m
	减速比	7.793
润滑油规格		GL-4 75W-90 合成油

任务准备

实训用车、相应工具、相应设备。

任务训练

一、北汽 EV160 纯电动汽车驱动系统的维护

对于初次维护，减速器磨合后，建议行驶 3 000 km 或使用 3 个月后更换润滑油，以后再进行定期维护。进行定期维护的里程或时间间隔详见表 3-2-3。

表 3-2-3　减速器建议维护周期

行驶里程/万千米	1	2	3	4	5	6
使用时间/年	0.5	1	1.5	2	2.5	3
维护方式	检查（必要时更换润滑油）	必须更换润滑油	检查（必要时更换润滑油）	必须更换润滑油	检查（必要时更换润滑油）	必须更换润滑油

减速驱动桥定期维护周期以里程表读数或使用时间判断，以先到为准。表 3-2-3 为 6 万千米以内的定期维护，超过 6 万千米按相同周期进行维护。在换油之前，应先检查减速驱动桥是否漏油，对于非换油作业而举升车辆时，也应检查减速驱动桥是否漏油。

要求换润滑油为 GL-475W-90 合成油，持续许用温度≥140 °C，油量为 1.8 ~ 2.0 L。

（1）更换润滑油。

① 整车下电。

② 水平举升车辆，检查减速驱动桥是否漏油，如有漏油，则查明原因并处理。

③ 拆下减速驱动桥放油螺塞，排放润滑油，放油螺塞位置通常在驱动桥壳最底部。

④ 在放油结束后按规定力矩拧紧放油螺塞。如有需要，可以在放油螺塞上涂抹少量密封胶。

⑤ 拆下加油螺塞，加油螺塞位置通常在放油螺塞旁边，但要高于放油螺塞。

⑥ 加注润滑油，直到加油螺塞孔有油液流出，说明油位合适，停止加注。

⑦ 按规定力矩拧紧加油螺塞。

⑧ 用抹布擦净减速器底部润滑油。

⑨ 试车运行一段时间后，重新检查加速驱动桥是否漏油。

（2）减速驱动桥总成漏油及液位检查。

① 整车下电。

② 举升车辆，检查内外侧半轴球笼防尘套有无裂纹、油污，如有，建议更换防尘套。

③ 检查减速驱动桥总成是否漏油，如有，则查明原因并处理。

④ 拆下放油螺塞，检查油位。如果润滑油能从加油孔缓慢流出，说明油位正常。否则，应补充规定的润滑油，直到加油孔有油液流出为止。

二、电机控制器的维护

（1）测量电机控制器低压插接件端子 24 引脚与 1 引脚之间的电压，如图 3-2-9 所示，此电压应为 9 ~ 16 V。

（2）检查高压插接件是否插接牢靠。

（3）对电机控制器进行表面清洁。

注意：在进行以上（2）、（3）作业前要先对车辆高压下电。

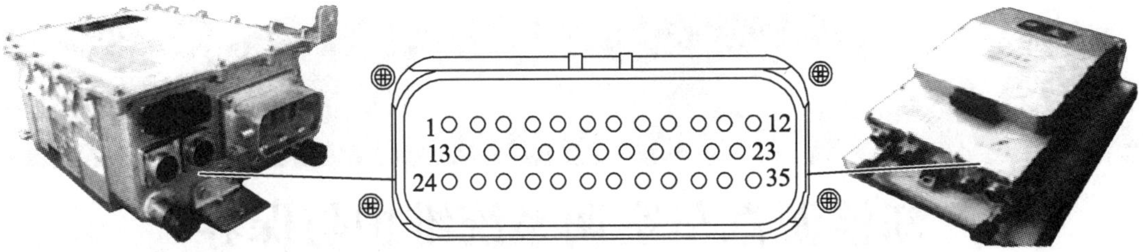

图 3-2-9　电机控制器低压插接件端子

任务拓展

北汽 EV160 纯电动汽车驱动系统的保养周期

减速驱动桥的初次维护，是在减速器磨合后，建议行驶 3 000 km 或使用 3 个月更换润滑油，以后再进行定期维护。定期维护时每 2 万千米更换一次润滑油，型号为 GL-4 75W-90 合成油。

项目四

新能源汽车空调系统维护与保养

任务一　空调系统保养与维护

任务描述

小明在某新能源汽车 4S 店实习，师傅告诉他要对某品牌纯电动汽车空调系统进行维护作业，你知道纯电动汽车空调系统内容有哪些吗？对其进行维护时有什么注意事项？

任务目标

（1）掌握电动汽车空调系统的作用和结构组成。
（2）了解电动汽车空调系统的工作原理。
（3）掌握空调系统的维护方法。

任务学习

一、电动汽车空调系统的作用和构成

（一）空调系统的作用

空调系统的主要功能是为驾驶人和乘客创造舒适的乘坐环境，其功能主要体现在以下几个方面：

（1）空调系统能控制车厢内的气温，既能加热空气，也能冷却空气，以便把车厢温度控制到舒适的水平。

（2）空调系统能够排出空气中的湿气，以营造更舒适的环境。

（3）空调系统可吸入新风，具有通风功能。

（4）空调系统可过滤空气，排除空气中的灰尘和花粉。

（5）空调系统还有去除前风窗雾气的功能，保证驾驶人视线良好。

（二）电动汽车空调系统的构成及各部件的作用

现代汽车空调系统由制冷系统、供暖系统、通风和空气净化装置及控制系统组成。纯电动汽车没有发动机作为空调压缩机的动力源，也没有发动机余热可能利用，以达到取暖、除霜的效果，所以电动汽车空调系统与传统汽车空调系统在结构上存在差别。电动汽车空调系统一般结构如图 4-1-1 所示，主要由电动压缩机、冷凝器、制冷剂管道、加热器单元、送风电机、空调空气滤清器、膨胀阀、蒸发器和控制面板等组成。汽车空调管路系统以压缩机为界，分高压管路和低压管路。

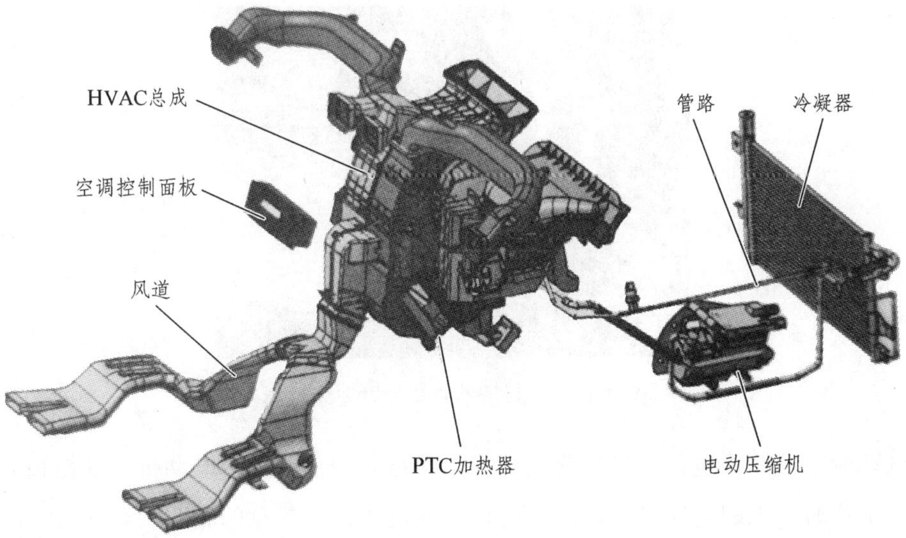

图 4-1-1 北汽 EV160 纯电动汽车空调系统一般结构

低压管路：从膨胀阀出口至压缩机入口，沿途有蒸发器、低压管道、低压加注口；高压管路：从压缩机出口至节流阀入口，沿途有压缩机、高压管道、冷凝器、高压加注口以及高低压开关、节流阀等。

1. 电动压缩机的作用及工作原理

压缩机的作用是把低温、低压气态的制冷剂吸入压缩成高温、高压液态制冷剂。

图 4-1-2 所示为北汽新能源 EV200 电动汽车空调压缩机基本构造，图 4-1-3 所示为压缩机在车上的安装位置。

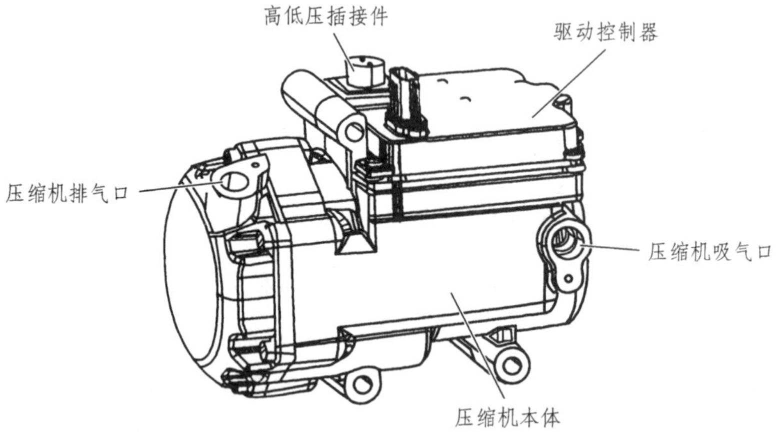

图 4-1-2 电动汽车空调压缩机基本构造

图 4-1-3 压缩机在车上的安装位置

电动变频压缩机包含一对螺旋线缠绕的静盘和动盘、无刷电动机、油挡板和电动机轴。工作时由无刷电动机带动动盘旋转，通过动盘、静盘的相互旋转配合，压缩处在动盘和静盘间的制冷剂，完成吸气、压缩和排气的过程，如图 4-1-4 所示。

（1）吸入过程：在动盘、静盘间产生的压缩室的容积随着动盘的旋转而增大，这时，气态制冷剂被吸入。

（2）压缩过程：吸入步骤完成后，随着动盘继续转动，压缩室的容量逐渐减小，这样，吸入的气态制冷剂逐渐压缩并被排到静盘的中心。当动盘旋转约两周后，制冷剂的压缩完成。

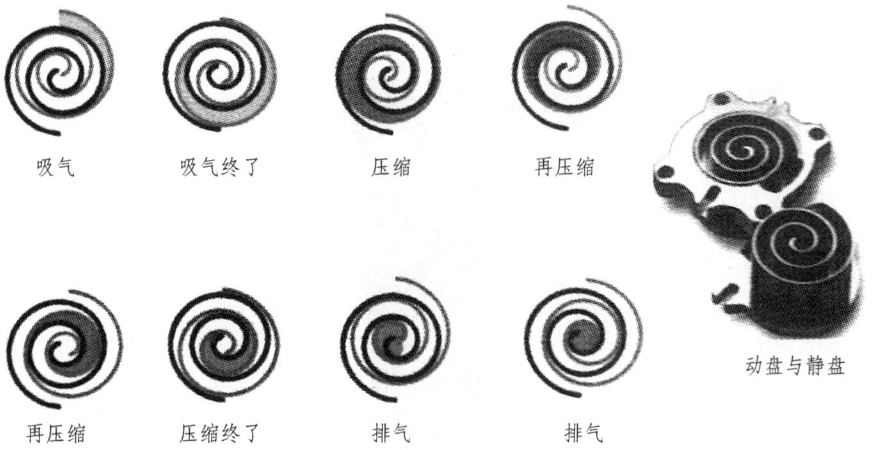

图 4-1-4　压缩机的工作过程

（3）排放过程：当气态制冷剂压缩完成而压力较高时，通过按压排放阀，气态制冷剂通过静盘中心排出。

2. 蒸发器

蒸发器如图 4-1-5 所示，是一种由管子与散热片组合起来的热交换器，其作用是将膨胀阀出来的低压制冷剂蒸发而吸收流进车内空气的热量，从而达到车内降温的目的。

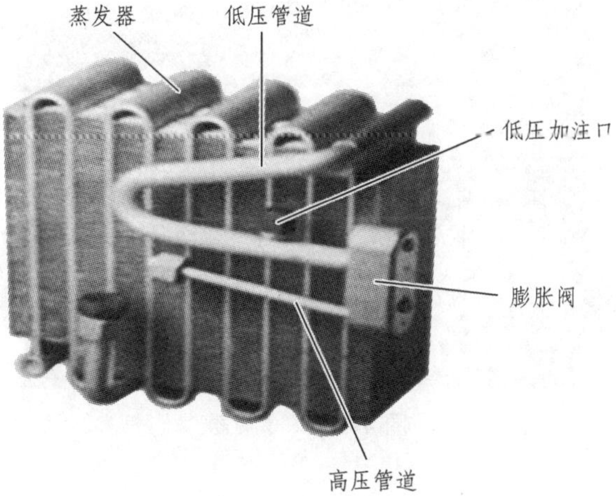

图 4-1-5　蒸发器

3. 膨胀阀

膨胀阀是一个由温控包控制的可变截面小孔，安装在蒸发器入口处（见图 4-1-6），其作用是把从冷凝器流出的高压制冷剂节流雾化，利于制冷剂在蒸发器中进一步汽化吸热。膨胀阀分开了制冷剂的高压侧和低压侧。膨胀阀可以自动调节制冷剂流量，它根据制冷负荷的改变和压缩机转速的变化，自动调节制冷剂进入蒸发器的流量，以满足制冷循环的需要。

图 4-1-6　膨胀阀

4. 冷凝器

冷凝器是管子与散热片组合起来的热交换器，如图 4-1-7 所示，一般安装在水箱散热器后面，经过散热器风扇把流经其内部的高温、高压制冷剂的热量散至周围空气中。

图 4-1-7　冷凝器

5. 加热装置

目前，电动汽车空调加热主要采用 PTC 加热方式。PTC 电加热器是采用 PTC 热敏电阻元件为发热源的一种加热器，如图 4-1-8 所示。PTC 热敏电阻通常是用半导体材料制成的，它的电阻随温度变化而急剧变化，当外界温度降低，PTC 电阻值随之减小，发热量反而会相应增加。加热装置以铝片为散热片压制而成。在接通电源后，冷风在鼓风机驱动下通过加热器散热片后变成暖风，通过风道进入驾驶室。PTC 加热器有电热丝加热器和陶瓷式加热器两种，具有发热无异味、使用寿命长、无明显功率衰减现象、干净整洁、热效率高等特点。

图 4-1-8　PTC 电加热器

二、电动汽车空调系统的工作原理

（一）电动汽车空调制冷原理

电动汽车空调制冷系统和传统汽车空调比较，只是压缩机驱动由机械式变成了电驱动，其制冷原理基本一致。用户按操作程序启动汽车空调系统之后，VCU 发出指令，通过压缩机控制器来驱动电动压缩机工作，驱使制冷剂在密封的空调系统中循环。压缩机将气态制冷剂压缩成高温高压的制冷剂气体后排出压缩机，并经管路流入冷凝器后，在冷凝器内散热、降温，冷凝成高温高压的液态制冷剂流出。高温高压的液态制冷剂经管路进入干燥储液器内，经过干燥、过滤后流进膨胀阀节流，状态发生急剧变化，变成低温低压的液态制冷剂进入蒸发器，在蒸发器内吸收流经蒸发器的空气热量，使空气温度降低，吹出冷风，产生制冷效果。制冷剂本身因吸收了热量而蒸发成低温低压的气态制冷剂，经管路被压缩机吸入进行压缩，进入下一个循环。只要压缩机连续工作，制冷剂就在空调系统中连续循环，产生制冷效果；压缩机停止工作，空调系统内制冷剂随之停止流动，不产生制冷效果。

（二）电动汽车空调制热原理

电动汽车没有用来采暖的发动机余热，无法提供作为汽车空调冬天采暖的热源。因此，电动汽车大都采用了 PTC 加热管系统进行制热。工作时打开热风旋钮，动力蓄电池开始供电加热装在蒸发器箱的 PTC 管，送风风扇把驾驶室内的冷空气吸入蒸发器箱流经 PTC 表面，受热升温后的空气被送风风扇送至驾驶室出风口。

任务准备

实训用车、相应工具、个人防护装置。

任务训练

一、电动汽车空调使用注意事项

（1）当空调运转时，应关好所有门窗，以免车内冷（热）气泄漏，影响空调效果。压缩机必须经常使用，以提高空调效果。为保证车内空气新鲜，应间隔一段时间打开空调外循环进行换气。

（2）在动力蓄电池 SOC 较低时，应减少空调的使用时间，以尽量增加车辆的续航里程。

（3）如果启动空调制冷（制热）时，车辆内部温度很高（很低），开启空调前，通过将风机设置为最高速并开启车窗和天窗，在短时间内对车辆进行通风，以提高制冷（制热）效果。

（4）到达目的地前 2 min 关闭 A/C 开关，使风扇把管道内的冷气或暖气吹干燥。

二、纯电动汽车空调制冷系统的维护

（一）检查压缩机有无异响

（1）打开车门，安装三件套。

（2）启动开关置于 ON 位置。

（3）按下空调开关，空调开关如图 4-1-9 所示。

（4）将冷热风调节旋钮旋至最大制冷量位置，风量调节旋钮调至最大风量位置。冷热风调节旋钮的风量调节旋钮如图 4-1-9 所示。

（5）将所有车门打开。

（6）举升车辆并穿戴绝缘防护用具。

（7）判定压缩机工作声音是否正常，可用听诊器直接放在空调压缩机上听取，若是电机及内部零件有运转及摩擦声音，属正常工作声音。

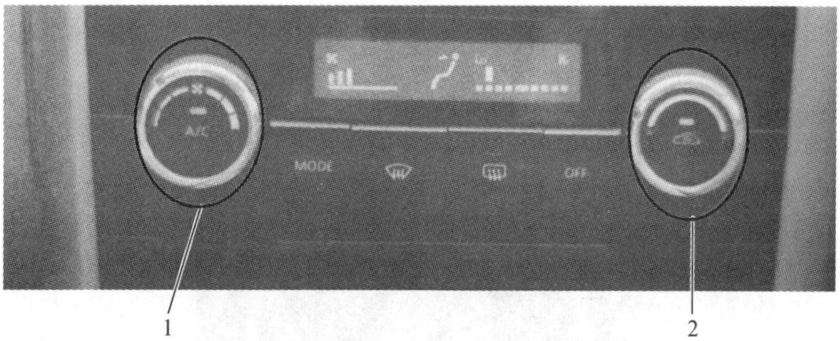

1—空调开关按键和风量调节旋钮；2—内循环开关按键和冷热调节旋钮。

图 4-1-9　空调控制面板

（二）压缩机绝缘检测

压缩机绝缘检测的步骤如下：

（1）按照正确规范的下电流程对车辆进行下电操作。

（2）打开前机舱盖，安装翼子板布、格栅布。

（3）拔下高压盒高压附件线束插接器，如图 4-1-10 所示。

图 4-1-10　拔下高压附件线束插接器

（4）检查绝缘手套的绝缘等级及密封性。

（5）佩戴绝缘手套，穿绝缘鞋。

（6）将兆欧表挡位旋至 500 V 挡，如图 4-1-11 所示。

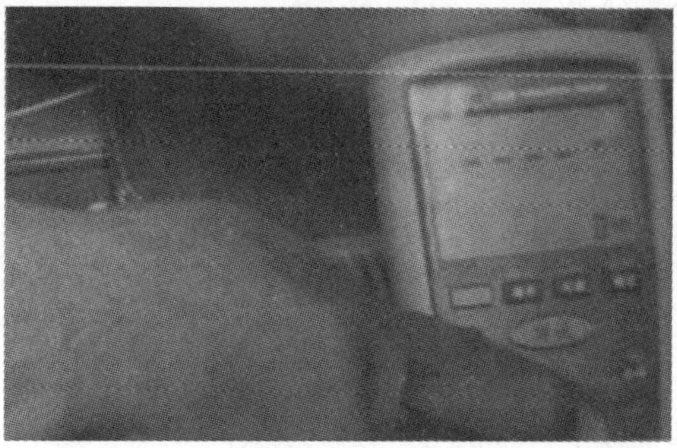

图 4-1-11　兆欧表挡位旋至 500 V 挡

（7）用兆欧表检测高压附件线束插头上 C 端子与车身之间的绝缘电阻（C 端子接压缩机电源正极），高压附件线束端子定义如图 4-1-12 所示。

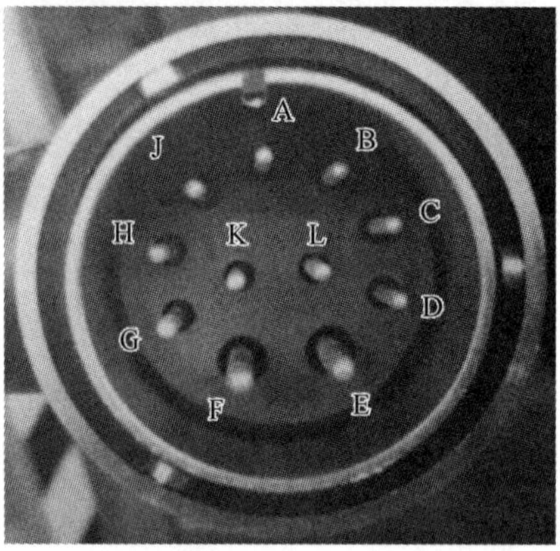

A—DC/DC 电源正极；B—PTC 电源正极；C—压缩机电源正极；D—PTC-A 组负极；
E—充电机电源正极；F—充电机电源负极；G—DC/DC 电源负极；
H—压缩机电源负极；J—PTC-B 组负极；
K—空引脚；L—互锁信号线。

图 4-1-12　高压附件线束端子

（8）用兆欧表检测高压附件线束插头上 H 端子与车身之间的绝缘电阻（H 端子接压缩机电源负极），高压附件线束端子定义如图 4-1-12 所示。

（9）安装高压盒高压附件线束插头。

（10）取下格栅布、翼子板布，关闭前机舱盖。

（三）制冷能力检查

制冷能力检查的流程如下：

（1）打开车门并安装三件套。

（2）启动开关置于 ON 位置。

（3）按下空调开关。

（4）将冷暖风调节旋钮旋至制冷位置。

（5）将出风口调至最大位置。

（6）检查各出风口有无冷风，并用手背感觉出风口温度。

（7）关闭空调。

（8）关闭启动开关并拔下钥匙。

（9）取下三件套并关闭车门。

三、纯电动汽车空调暖风系统的维护

暖风效果检查流程如下：

（1）打开车门并安装三件套。

（2）启动开关置于 ON 位置。

（3）按下空调开关。

（4）将冷暖风调节旋钮旋至暖风位置。

（5）将出风口调至最大位置。

（6）检查各出风口有无暖风。

（7）暖风功能打开，工作几分钟之后，检查吹出的风有无焦煳味，如有焦煳味，建议客户进行维修。

（8）关闭空调。

（9）关闭启动开关并拔下钥匙。

（10）取下三件套并关闭车门。

四、更换空调滤芯

空调滤清器的作用：过滤从外界进入车厢内部的空气，使空气的洁净度提高。一般的过滤物质是指空气中所包含的杂质，即微小颗粒物、花粉、细菌、工业废气和灰尘等。空调使用一段时间以后，空调滤芯上吸附了大量的污染物，因此，要对空调滤芯进行定期更换。北汽 EV160 纯电动汽车空调滤芯应该每 6 个月进行一次更换。

（1）拆下空调滤芯盖板，空调滤芯盖板位于杂物箱下部，如图 4-1-13 所示。

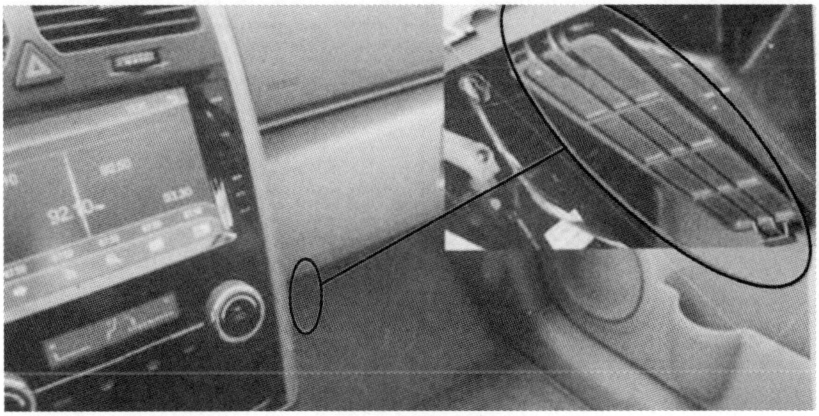

图 4-1-13　空调滤芯盖板

（2）取出空调滤芯。

（3）更换新的空调滤芯。

（4）安装空调滤芯。

（5）安装空调滤芯盖板。

任务拓展

汽车空调使用小技巧

行车中，当遇到交通堵塞时，不要为提高空调效能而使发动机以较高转速运转，这样会影响发动机和空调压缩机的使用寿命。当低速行驶时，风速开关应该调到低速挡位，不要频繁开启和关闭空调，以防损坏。

停车时，不能长时间使用空调，以免散热器冷凝压力过高而损坏制冷系统。如果车停在烈日下的停车场，车辆启动后不要立刻使用空调，应该先把所有车窗都打开，启动外循环，把热气排出去，等车厢内温度下降后再关闭车窗，开启空调，以提高空调效率。如果发动机因开空调增大负荷导致冷却温度过高，要暂停使用空调，直至冷却液温度正常为止。

在到达目的地之前几分钟关掉冷气（即 A/C 和 OFF 键），开启自然风，在停车前使用空调管道内的温度回升，消除与外界的温差，从而保持空调系统的相对干燥。

任务二　空调制冷剂的加注

任务描述

小明在某新能源的汽车 4S 店实习，某车辆因为空调不制冷来维修，经过师傅的诊断，需要对车辆加注空调制冷剂，你知道如何操作吗？有哪些注意事项？

任务目标

（1）学会使用空调制冷剂检查、回收加注设备。

（2）掌握制冷剂鉴别、回收和加注的方法。

（3）掌握制冷剂回收与加注时的安全注意事项。

任务学习

一、制冷剂鉴别仪

如图 4-2-1 所示为某款制冷剂鉴别仪，主要用来检验制冷剂的类型、纯度、非凝性气体和其他杂质，能鉴别 R134a、R12、R22、HC、AIR 这 5 种成分的纯度，鉴别结果以百分比显示，精度为 0.1%。空调系统检修时根据纯度显示确定制冷剂是否需要净化或更换。

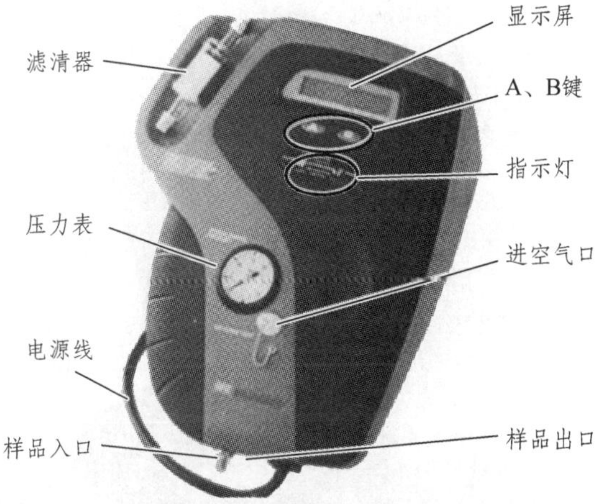

图 4-2-1　制冷剂鉴别仪

检验结果在显示屏上显示如下：

PASS：制冷剂纯度达到 98%或更高，通过检验，可以回收。

FAIL：R12 或 R134a 的混合物，任意一种纯度达不到 98%，即混合物太多。

FAIL CONTAMINATED：未知制冷剂，如 R22 或 HC 含量为 4%或更多，不显示含量。

NO REFRIGERANT-CHK HOSE CONN：空气含量达到 90%或更高，说明没有制冷剂。

该型鉴别仪的使用方法如下：

（1）给仪器通电，仪器自动开机后预热 2 min。

（2）在预热过程中，需要将当地的海拔输入到仪器的内存中。

（3）系统标定。仪器将会通过进空气口吸入环境空气约 1 min。环境空气是用于校正测试元件并排除残余的制冷剂气体。

（4）根据仪器的提示把采样管的入口端接到车辆空调系统或制冷剂罐的出口上，按 A 按钮开始进行分析。仪器对样品的分析过程需要大约 1 min 的时间。

（5）分析完成，显示分析结果，检测完毕。

二、制冷剂回收加注机

如图 4-2-2 所示为某制冷剂回收加注机，利用它可以进行制冷剂回收、净化、抽真空和加注，能进行冷冻机油的回收、加注，还能进行空调系统检漏等作业。目前，市面上的制冷剂回收加注机都有这些功能，其特点是功能多、自动化程度高，加注、回收效率高。不同的回收加注机操作方式有所不同，具体操作可见其操作说明书。

图 4-2-2　制冷剂回收加注机

三、空调歧管压力表组与注入阀

空调歧管压力表组件如图 4-2-3 所示，利用它和注入阀可以进行制冷剂充注、添加冷冻机油、配合抽真空机进行空调系统抽真空等作业，是汽车空调系统故障诊断与排除以及汽车空调系统维修必不可少的设备。

制冷剂注入阀是打开小容量制冷剂罐的专用工具，它利用蝶形手柄前部的针阀刺破制冷剂罐，通过注入阀接头把制冷剂引入歧管压力表组件，如图 4-2-4 所示。

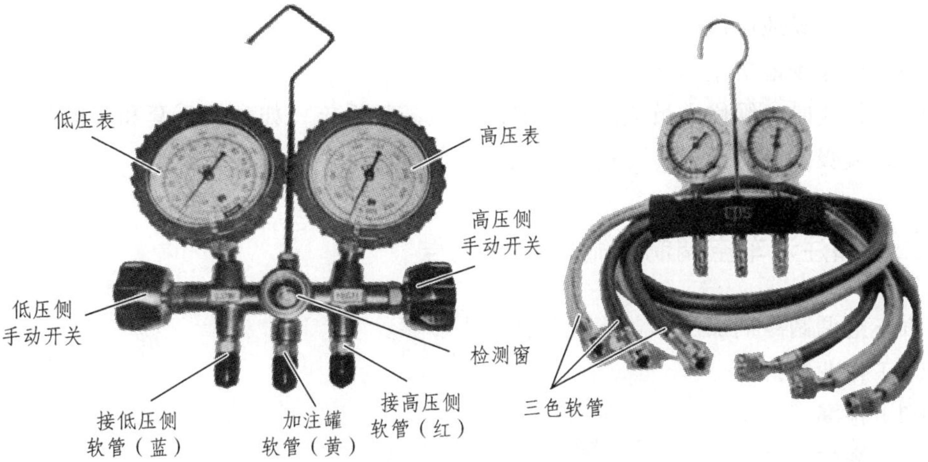

图 4-2-3　空调歧管压力表组件

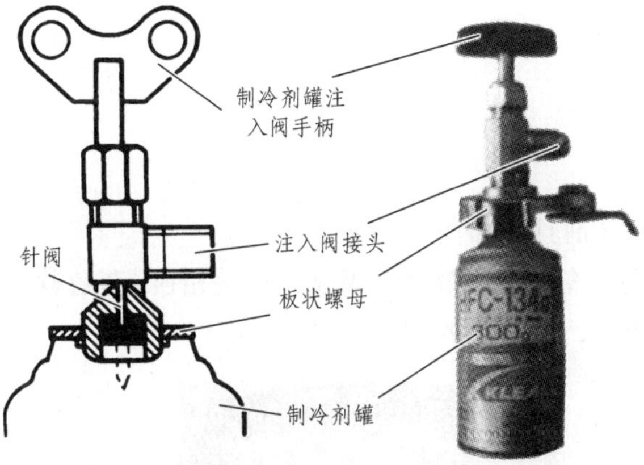

图 4-2-4　注入阀与制冷剂罐

任务准备

实训整车、制冷剂、相应工具、安全防护装置。

任务训练

一、加注汽车空调制冷剂的环境条件

汽车空调制冷剂的加注作业应符合以下条件：

（1）作业场地应通风良好。

（2）作业场地禁止明火。

（3）作业时，维修人员应配备必要的安全防护设施，如防护手套和防护眼镜等，避免接触或吸入制冷剂和冷冻机油的蒸气及气雾。

二、加注汽车空调制冷剂的工作流程

汽车空调制冷剂加注作业流程包括以下步骤：

（1）作业准备。

（2）检漏。

（3）视情清洗。

（4）抽真空。

（5）补充冷冻机油。

（6）加注制冷剂。

（7）检测。

（8）完成加注作业。

电动汽车空调制冷剂具体加注方法如下：

（1）设备连接。将设备的红色软管与系统高压端相连，蓝色软管与系统低压端相连。

（2）打开电源开关，如图 4-2-5 所示。

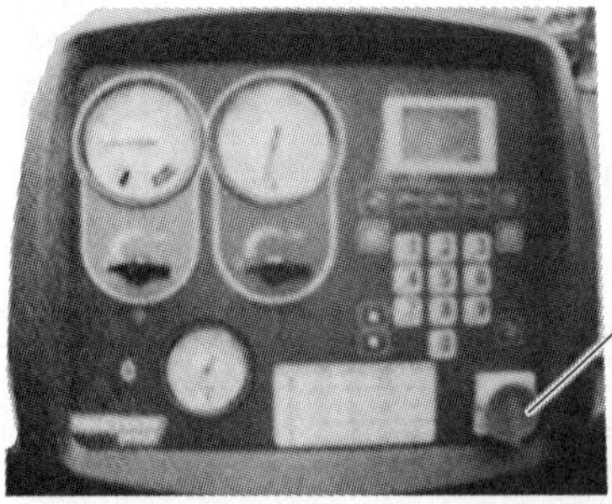

图 4-2-5　电源开关

（3）根据车型查找数据库，按“数据库”键，如图 4-2-6 所示。

图 4-2-6　数据库键（右下角）

（4）根据车型等查找制冷剂的加注量，如北汽新能源 EV160/200 电动汽车制冷剂规定加注量为 500 g，如图 4-2-7 所示。

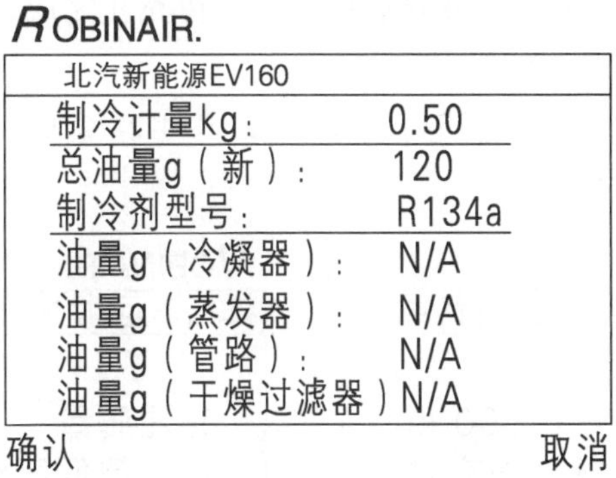

图 4-2-7　制冷剂加注量显示

（5）检查工作罐中制冷剂的净重。净重不足 3 kg 时应添加制冷剂，净重达到加注量的 3 倍也可以充注（速度较慢），如图 4-2-8 所示。

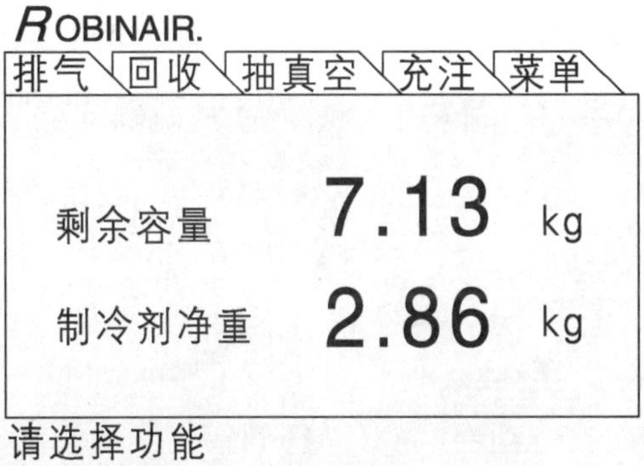

图 4-2-8　制冷剂净重显示

（6）按充注键，如图 4-2-9 所示。

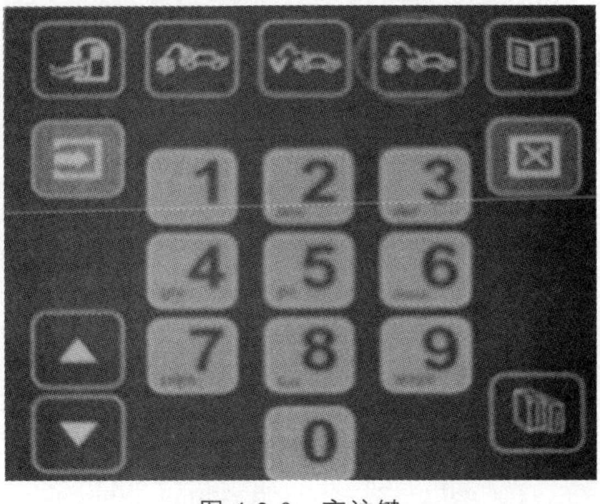

图 4-2-9　充注键

（7）进入充注界面，如图 4-2-10 所示。

（8）按“数字”键，选择充注量。选择加注 0.25（1 罐）。加注量应根据实际需要选择，如不知道需要添加多少，可先选择少量，待充注完成，经检测压力达不到要求时可再次进行充注，如图 4-2-11 所示。

根据提示“关闭低压阀，打开高压阀”，如图 4-2-12 所示。其中，关闭低压阀的目的是为了进行单管充注。

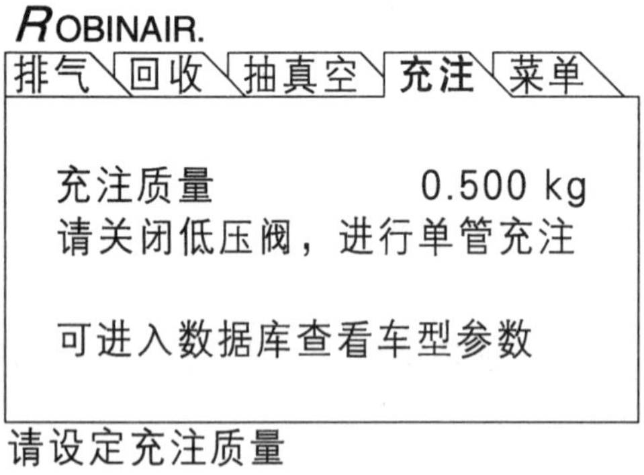

图 4-2-10　充注界面

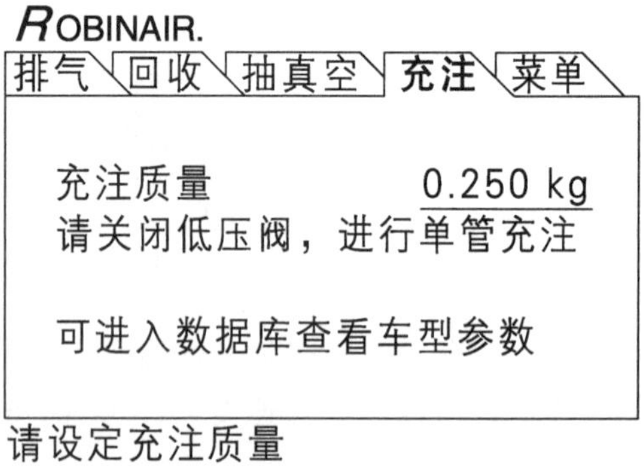

图 4-2-11　选择充注量

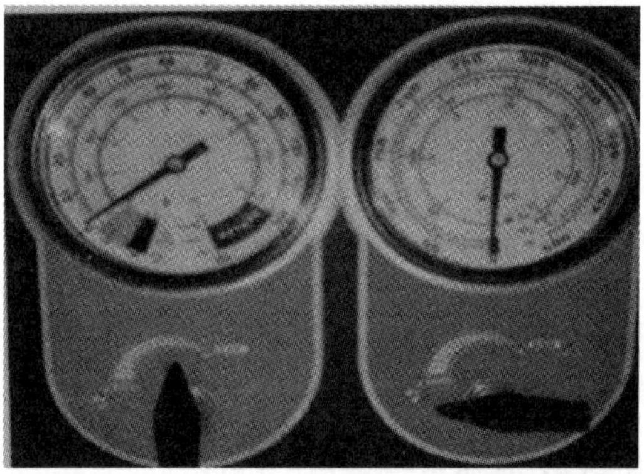

图 4-2-12　高低压阀

（9）如图 4-2-13 所示，屏幕上显示已充注制冷剂的质量，按“确认”键进行充注。

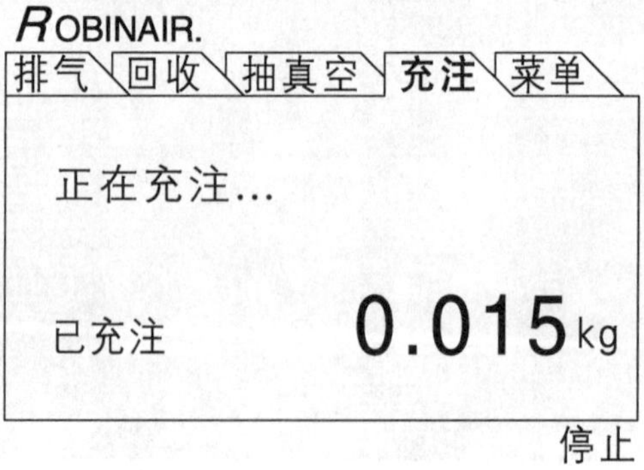

图 4-2-13　充注制冷剂

（10）充注完成，关闭高压阀。当屏幕上显示已充注 0.25 kg 时，即表示已充注完成。此时警告灯闪三次，蜂鸣器同时发出三声“嘀”；根据界面显示，逆时针旋转高压快速插头，将加注管与制冷系统断开，如图 4-2-14 所示。

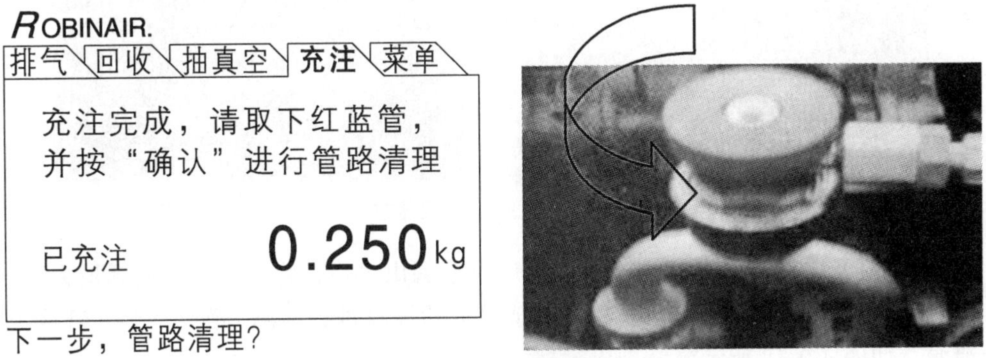

图 4-2-14 断开加注管与制冷系统

（11）按“确认”键对管路进行清理，清理完成后，警告灯闪三次，蜂鸣器同时发出三声“嘀”，如图 4-2-15 所示。

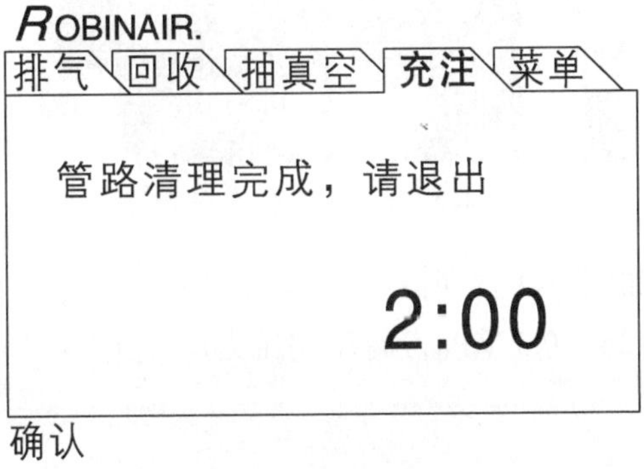

图 4-2-15 管路清理完成

（12）按“确认”键退出管路清理，并关闭控制面板上的高低压阀门，如图 4-2-16 所示。

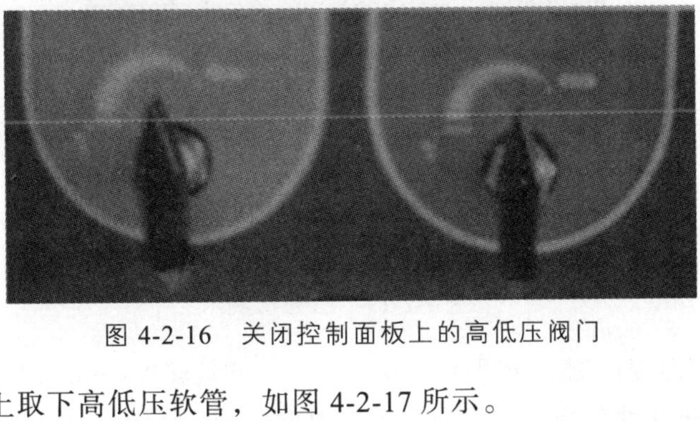

图 4-2-16 关闭控制面板上的高低压阀门

（13）从车上取下高低压软管，如图 4-2-17 所示。

图 4-2-17　取下高低压软管

（14）打开空调。打开车窗、车门、所有空调出风口，将制冷风量调到最大。

（15）查找泄漏。采用电子式检漏仪或荧光检漏仪进行检测，确认管道、管接头处无泄漏，如图 4-2-18 所示。

图 4-2-18　确认管道无泄漏

（16）压力检测。如图 4-2-19 所示，接上空调压力表组，若环境温度在 35 °C 左右，低压侧压力应在 0.25 ~ 0.3 MPa，高压侧压力应在 1.3 ~ 1.5 MPa。

图 4-2-19　压力检测

（17）出风口温度检测。如图 4-2-20 所示，空调运转 5 ~ 6 min 后，出风口温度应远远低于环境温度（北汽新能源汽车出风口温度低于环境温度 0 ~ 5 °C）。

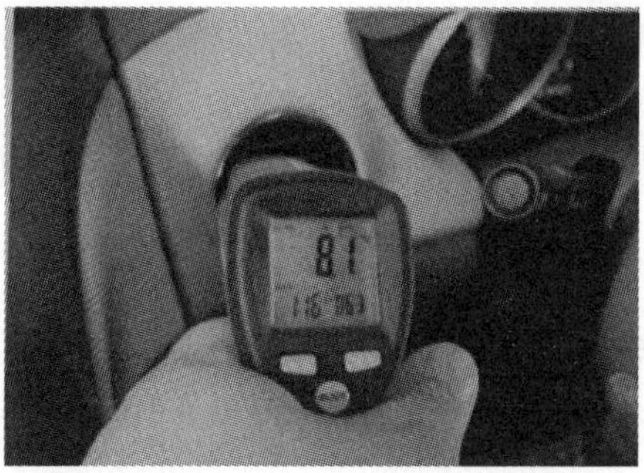

图 4-2-20　出风口温度检测

三、电动汽车空调维修注意事项

（1）当触碰和检修高压器件时，注意安全防护，应拆下与蓄电池负极相连的电线并等待 3 min 以上。

（2）制冷剂的排放应远离工作场所，并保持工作场所通风良好，以免造成窒息危险。制冷剂不要靠近火焰，以免产生对人体有害的物质。

（3）在打开制冷系统时，必须戴手套及防护眼镜，以免制冷剂冻伤皮肤。一旦皮肤上溅到制冷剂，要立即用大量的冷水清洗，千万不可用手搓。

（4）制冷系统打开后，一定要及时加盖或包扎密封，防止潮气或杂质进入。

（5）更换制冷部件后，要先为系统补充冷冻机油，然后再加注制冷剂。不同品牌的冷冻机油、制冷剂不能混用。北汽新能源汽车指定采用 R134a 制冷剂和 POE68 冷冻机油（压缩机润滑油）。

（6）当拧紧或拧松螺纹接头时，必须同时使用两把扳手，连接安装各管路接口时注意管口清洁，O 形圈涂抹冷冻机油。

任务拓展

制冷剂的基本常识

一、制冷剂的类型及特性

（一）制冷剂的类型

制冷系统中用于转换热量并循环流动的物质称为制冷剂。目前，汽车空调系统中使用的制冷剂有 R12 和 R134a 两种。

R12又称为R-12、氟利昂12、F-12、CFC-12、二氟二氧甲烷等。由于R12制冷剂对臭氧层有破坏，并且存在温室效应，在发达国家和部分发展中国家，已经停止了R12制冷剂在新空调、制冷设备上的初装或旧设备上的再添加。中国也于2007年停止了R12制冷剂的生产，并停止R12制冷剂在新制冷空调设备上的初装。

（二）制冷剂的特性

1. R12的特性

（1）无色、无味、无毒，不易燃烧，不易爆炸，化学性质稳定。

（2）不溶于水，对金属无腐蚀作用。

（3）能溶解多种有机物，一般橡胶密封圈不能使用R12。

（4）具有较好的热力性能，冷凝压力比较低。

（5）互溶性较好，它能与矿物油以任意比例相互溶解。

（6）对大气臭氧层有破坏作用，使全球变暖而产生温室效应。

2. R134a的特性

（1）无色、无味、无毒，不易燃烧，不易爆炸，化学性质稳定。

（2）不破坏臭氧层，在大气层停留寿命短，温室效应影响也很小。

（3）黏度较低，流动阻力较小。

（4）分子直径比R12 略小，易外泄，能被分子筛吸收。

（5）与矿物油不相溶，与氟橡胶不相溶。

（6）吸水性和水溶性比R12高。

（7）汽化热高，定压比热大，具有较好的制冷能力。

二、制冷剂使用的注意事项

（1）当使用制冷剂时，不要与皮肤接触，应戴护目镜，以免冻伤皮肤和眼球。

（2）制冷剂应避免振动和置于高温处，以免发生爆炸。

（3）远离火苗，避免制冷剂分解产生有毒光气。

（4）R134a与R12不能混用，因为二者不相溶，混用会导致压缩机损坏。

（5）使用R134a制冷剂的系统，应避免使用铜材料，否则会产生镀铜现象。

（6）制冷剂应在低于40 °C的条件下保存。

项目五

新能源汽车底盘系统维护与保养

任务一　转向系统维护与保养

任务描述

小明在某新能源汽车 4S 店实习，师傅告诉他要对某品牌纯电动汽车转向系统进行基本检查，你知道要进行哪些操作吗？

任务目标

（1）了解转向系统的结构及基本原理。

（2）熟悉转向系统的控制策略。

（3）掌握助力转向功能和转向横拉杆状态的检查方法。

（4）掌握电子助力转向的基本维护方向。

任务学习

一、电动汽车转向系统的结构及基本原理

（一）汽车转向系统的作用

汽车转向系统是指由汽车驾驶人操纵实现转向轮偏转和回位的机构，能够按照驾

驶人的意图改变汽车行驶方向和保持汽车稳定地直线行驶。汽车转向系统由转向盘、转向轴、机械转向器、横拉杆、转向节、转向节臂和转向轮等构成，如图 5-1-1 所示。

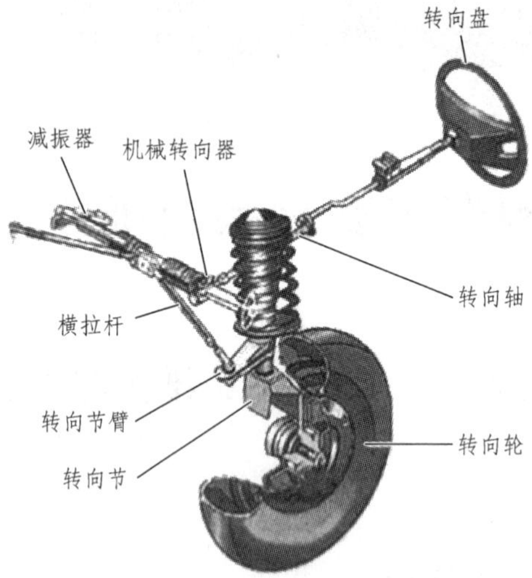

图 5-1-1　汽车转向系统的组成

为保证驾驶过程中转向轻松准确，现代汽车大多采用电动助力转向装置或者液压助力转向装置。排量小于 1.8 L 的轿车绝大多数采用电动助力转向系统（Electric Power Steering，EPS）。电动汽车采用的也是 EPS，通过电机驱动转向机来实现助力转向作用。其基本构造如图 5-1-2 所示，主要由转向盘、助力转向电机、转向器、转向横拉杆等机械装置和转向转矩传感器、转向 ECU、车轮速度传感器等电子元件组成。

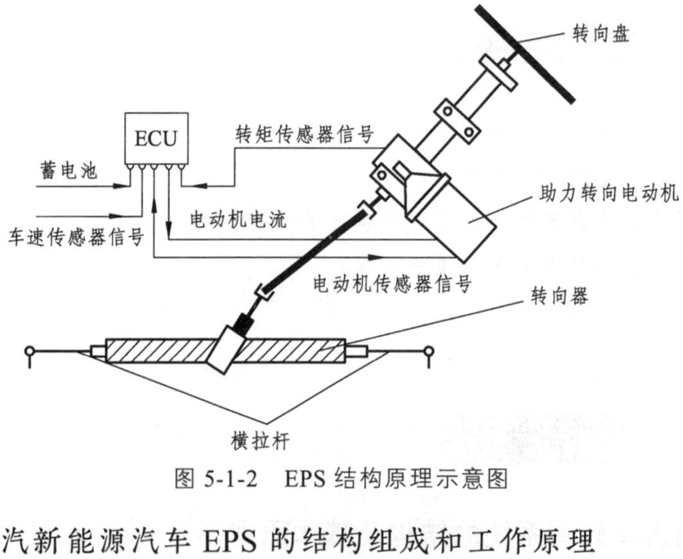

图 5-1-2　EPS 结构原理示意图

（二）北汽新能源汽车 EPS 的结构组成和工作原理

北汽新能源系列电动汽车的 EPS 组成如图 5-1-3 所示。转向控制器根据各传感器输出的信号计算所需的转向助力，并通过功率放大模块控制助力电机的转动，电机的输出经过减速机构减速增扭后驱动齿轮齿条机构产生相应的转向助力。

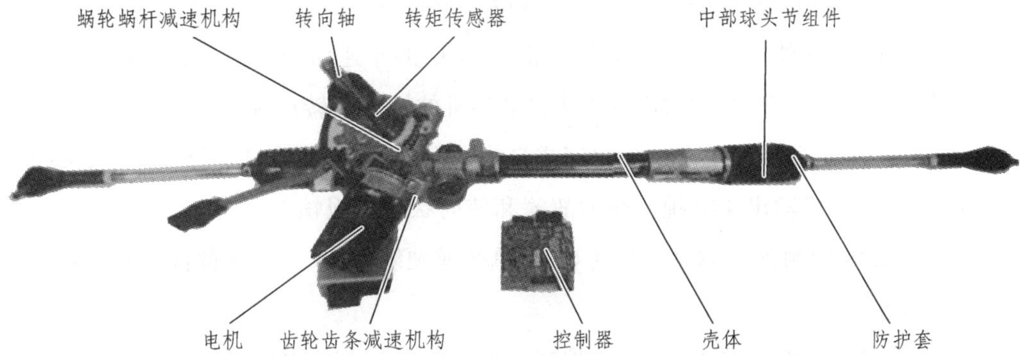

图 5-1-3　北汽新能源系列电动汽车的 EPS 组成

（1）电机总成的结构及电机控制原理。

EPS 使用的电机分为两种：有刷电机和无刷电机。安装在转向器上的电机总成由一个蜗杆、一个蜗轮和一个直流电机组成。当蜗杆与安装在转向器输出轴上的蜗轮啮合时，会降低电机速度并把电机输出力矩传递到输出轴上。

（2）转矩传感器的结构及控制原理。

转矩传感器由扭力原件（扭力弹簧）和电测元件组成，包括两个带孔圆环、线圈、线圈盒及电路板。它获取转向盘上操作力大小和方向信号，并将它们转换为电信号，传递到 EPS 控制器。

（3）蜗轮蜗杆减速机构的结构及工作原理。

蜗杆传动由蜗杆、蜗轮组成。蜗轮和蜗杆两轴交错角为 90°。助力电机电路接通后，电机轴与蜗杆连成整体同步转动，驱动蜗轮减速旋转，减速增扭后的蜗轮驱动转向装置移动，拉动转向横拉杆，起到转向助力的作用。

二、EPS 的控制策略

北汽新能源 EV200/160EPS 汽车电气原理图如图 5-1-4 所示，其控制策略如下：

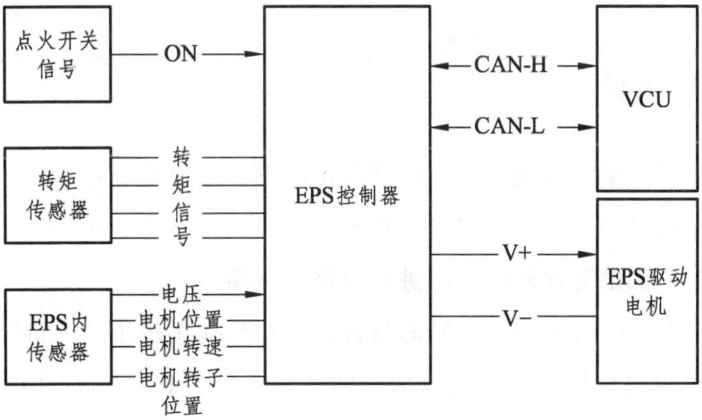

图 5-1-4　北汽新能源 EV200/160 EPS 汽车电气原理图

（1）当点火开关处于 ON 挡，ON 挡继电器吸合后，EPS 开始工作。

（2）当 EPS 正常工作时，EPS 根据来自 VCU 的车速信号及来自转矩传感器的转矩信号等进行综合判断，以控制 EPS 助力电动机的转矩、转速和方向。

（3）转向控制器在上电 20 ms 内完成自检，上电 200 ms 后可以与 CAN 线交换信息，上电 300 ms 后输出 470 帧（转向故障和转向状态上报帧）。

（4）当 EPS 检测到故障时，通过 CAN 总线或硬线向 VCU 发送故障信息，并采取相应的处理措施。

电动式 EPS 的助力作用受 ECU 控制，低速转向时的助力作用最强，随着车速的升高，助力作用逐渐减弱，当车速达到一定时，ECU 停止向电动机供电，转向变为完全由驾驶人人力操纵。由此可见，电动式 EPS 在低速转向时，可获得较轻便的转向特性，而在高速转向时，则可获得完全的转向“路感”。同时，电动式 EPS 具有优越的控制特性，保证车辆行驶的安全。

任务准备

实训整车、相应工具、安全防护装置。

任务训练

一、转向盘维护

车辆固定在平坦坚实的地面，车轮朝向正前方，依次检查：

（1）前后左右晃动，检查转向盘的旷动情况，如图 5-1-5 所示，检查是否松动或发出“吱吱”声。如果发现缺陷，应进行维修或更换。

（2）检查转向盘的自由间隙。转向盘自由间隙是指用较小的力量轻轻左右转动转向盘但不要使车轮发生偏转，转向盘所能转过的角度。其范围为 10° ~ 15°或者 0 ~ 30 mm，如图 5-1-6 所示。

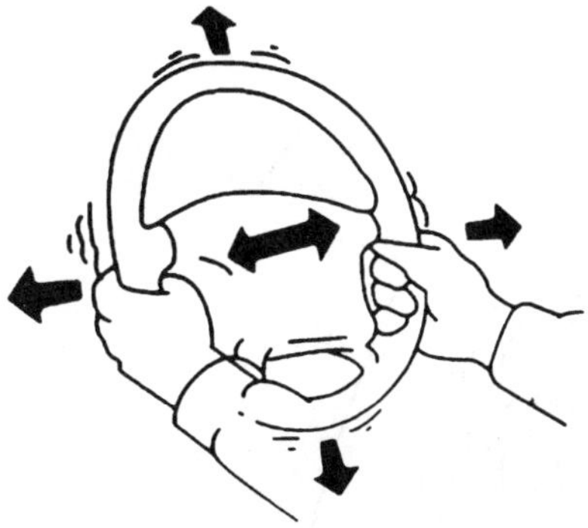

图 5-1-5　转向盘旷动检查

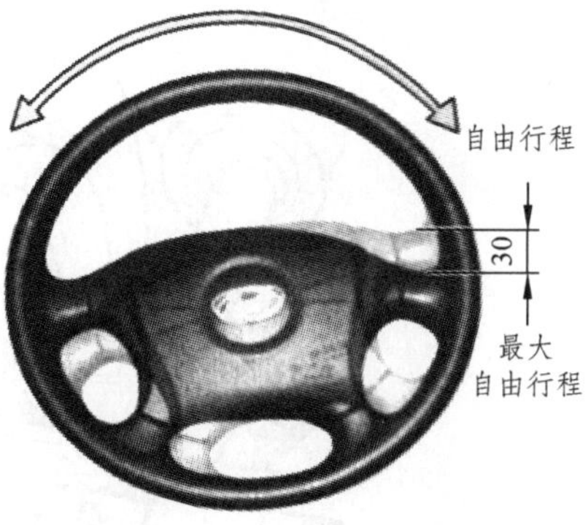

图 5-1-6　方向自由间隙检查

如果转向盘运动不在规定的自由间隙范围内，检查以下部位，如果发现缺陷，应及时更换。

① 转向横拉杆球头是否磨损。

② 下部球接头是否磨损。

③ 转向轴接头是否磨损。

④ 转向小齿轮或齿轮齿条是否磨损或破裂。

⑤ 其他部件是否松动。

二、转向力的检查方法和步骤

（1）汽车停放在水平路面上，转向盘放置在平直向前位置。

（2）检查轮胎充气压力是否符合指定要求。

（3）启动车辆。

（4）将点火开关置于 ON 挡时，从相切方向用弹簧秤钩住转向盘，匀速拉动弹簧秤测量转向力。转向力至少为 35 N。

三、转向助力功能检查

（1）在道路试车过程中，通过原地转向、低速行驶中转向，检测是否有转向沉重、助力效果不足等问题。

（2）将转向盘分别向左右打至极限位置，检测是否有转向盘抖动、转向机异响等故障。

四、转向横拉杆状态的检查

转向横拉杆球头的间隙、紧固程度及防尘套状态检查如图 5-1-7 所示。按照下列步骤进行作业：

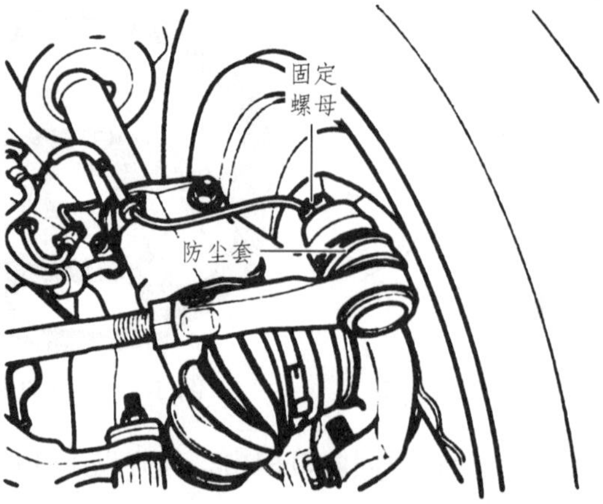

图 5-1-7　转向横拉杆球头的间隙、紧固程度及防尘套状态检查

（1）举升车辆（车轮悬空），通过摆动车轮和转向横拉杆来检查间隙。

（2）检查转向横拉杆球头的固定螺母是否牢固。

（3）检查转向横拉杆的防尘套有无损坏和安装位置是否正确。

任务拓展

电子液压助力转向系统

电子液压助力转向系统是在机械液压助力的基础上进行改进的一种更节省能耗的液压助力转向系统。该系统将转向油泵替换成电机驱动，不再由发动机直接驱动，并在此基础上加装了电控系统，使转向辅助力的大小不但与转向角度有关，还与车速有关。

电子液压助力转向系统包括车速传感器、电动液压泵、转向器和转向助力传感器等，如图 5-1-8 所示。

电子液压助力转向系统拥有机械液压助力的部分优点，还具有能耗低、反应灵敏等特点；同时，其转向助力大小也能根据转角、车速等参数自行调节，更加人性化。其缺点是引入很多电子单元，制造、维修成本大大提高，使用稳定性也不如机械液压式。不过随着技术的不断成熟，当前的这些缺点将逐渐被克服，电子液压助力转向系统也已逐渐引入很多家用轿车上。

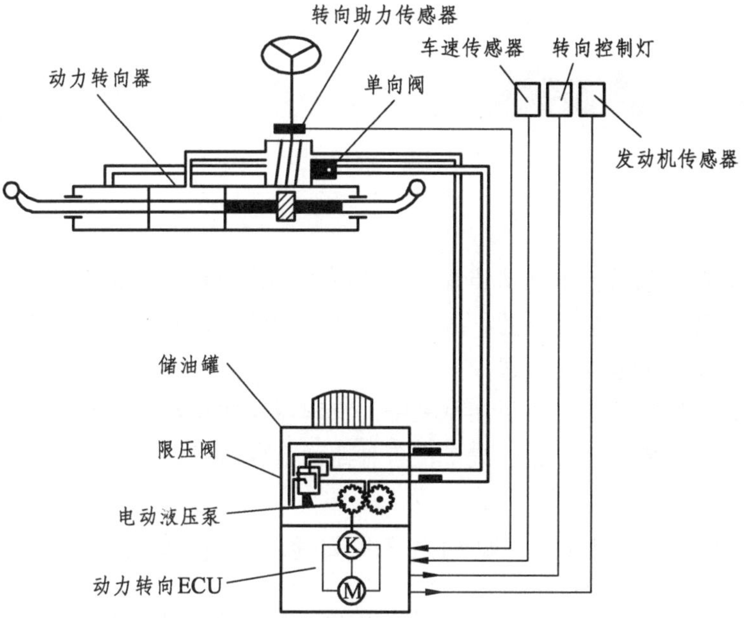

图 5-1-8　电子液压助力转向系统示意图

任务二　制动系统维护与保养

任务描述

小明在某新能源汽车 4S 店实习，师傅告诉他要对某品牌纯电动汽车进行制动液更换作业，你知道如何更换制动液吗？更换制动液有什么注意事项？

任务目标

（1）掌握电动汽车制动系统的结构和各部件的作用。

（2）掌握电动汽车制动系统的检查维护方法。

任务学习

一、制动系统的作用

汽车制动系统包括行车制动装置和驻车制动装置两套独立的装置。其中，行车制动装置是由驾驶人用脚来操纵的，故又称为脚制动装置；驻车制动装置是由驾驶人用手操纵的，故又称为手制动装置。

行车制动装置的功用是使正在行驶中的汽车减速或在最短的距离内停车，而驻车制动装置的功用是使已经停驶的汽车在各种路面上保持不动。

二、北汽新能源 EV200 电动汽车制动系统的构成及各部件的作用

与大多数电动汽车一样，北汽新能源 EV200 电动汽车制动系统为电动真空助力液压制动系统，主要由供能装置（如真空增压器、手制动杆等供给和调节制动所需能量及改善介质传递状态的各种部件）、控制装置（如制动踏板等产生制动动作及效果的各种部件）、传动装置（制动主缸、轮缸等将制动力传递给制动器的各个部件）和制动器（直接阻碍汽车车轮运动或运动趋势的部件）等部分组成，如图 5-2-1 所示。

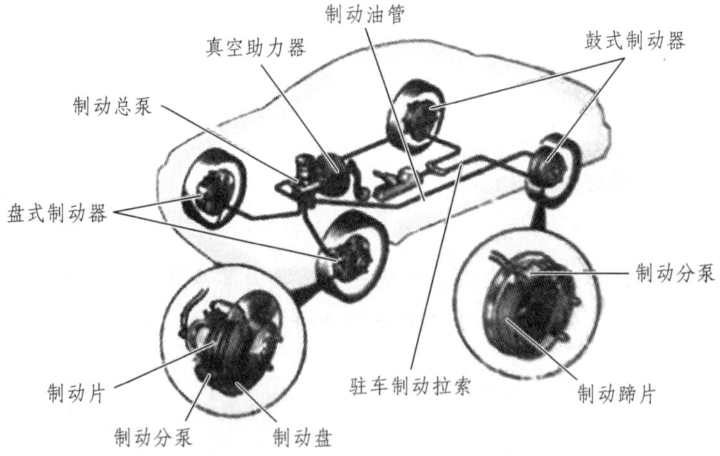

图 5-2-1　北汽新能源 EV200 电动汽车制动系统

1. 行车制动器

行车制动器主要有鼓式制动器和盘式制动器。

（1）鼓式制动器。

鼓式制动器的结构如图 5-2-2 所示。鼓式制动器主要包括制动鼓、制动器底板、

制动轮缸、制动蹄及摩擦片、回位弹簧等部分。制动轮缸、制动蹄及摩擦片、回位弹簧等装在制动器底板上，与车架固定，车轮装在制动鼓上。工作时，主要通过液压装置使摩擦片与随车轮转动的制动鼓内侧面发生摩擦，从而起到制动的效果。

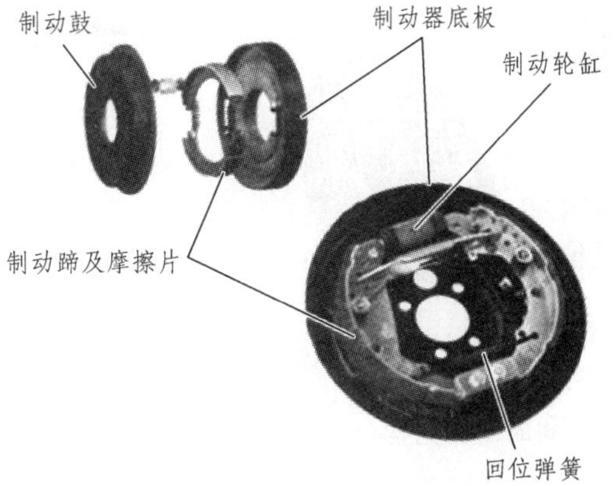

图 5-2-2　鼓式制动器的结构

鼓式制动器的工作原理如图 5-2-3 所示，在踩下制动踏板时，踏板推杆推动制动总泵的活塞运动，进而在油路中产生压力，制动液将压力传递到车轮的制动轮缸并推动活塞，活塞推动制动蹄向外运动，进而使得摩擦片与制动鼓发生摩擦，从而产生制动力。

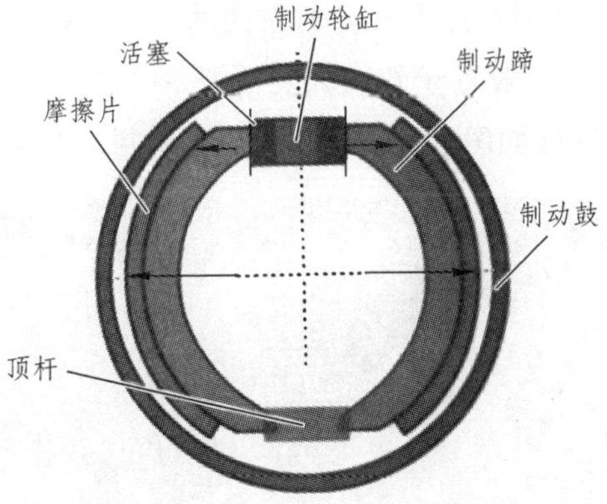

图 5-2-3　鼓式制动器的工作原理

从鼓式制动器的结构可以看出，鼓式制动器结构简单，造价低。但是它工作在一个相对封闭的环境中，制动过程中产生的热量不易散出，频繁制动会影响制动效果。

（2）盘式制动器。

盘式制动器也叫碟式制动器，其结构如图 5-2-4 所示。盘式制动器主要由制动盘、制动钳、摩擦片、分泵和油管等部分构成。工作时，通过液压系统把压力施加到制动钳上，使制动摩擦片与随车轮转动的制动盘发生摩擦，从而达到制动的目的，如图 5-2-5 所示。

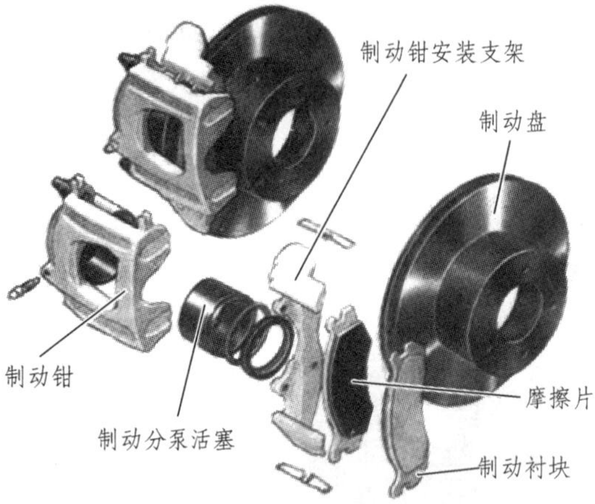

图 5-2-4　盘式制动器的结构

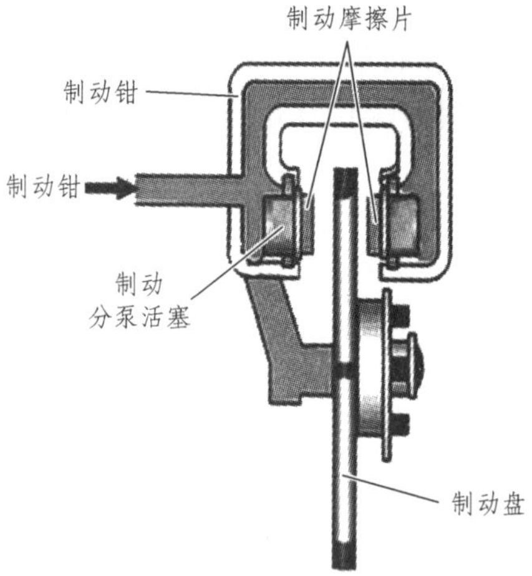

图 5-2-5　盘式制动器的工作原理

与封闭的鼓式制动器不同的是，盘式制动器是敞开式的，制动过程中产生的热量可以很快散去，拥有很好的制动效能，现在已广泛应用于轿车上。但盘式制动器结构复杂，摩擦片面积小，使用寿命短，成本较高。

2. 驻车制动器

驻车制动器通常是指机动车辆安装的手动制动装置。驻车制动可以在车辆停稳后用于稳定车辆，避免车辆在斜坡路面停车时发生溜车，协助车辆在上坡道时顺利起步。常见的驻车制动器操纵杆一般置于驾驶人右手下垂位置，以便于操作。北汽新能源EV160汽车驻车制动操纵杆如图 5-2-6 所示，其驻车制动装置的结构如图 5-2-7 所示。

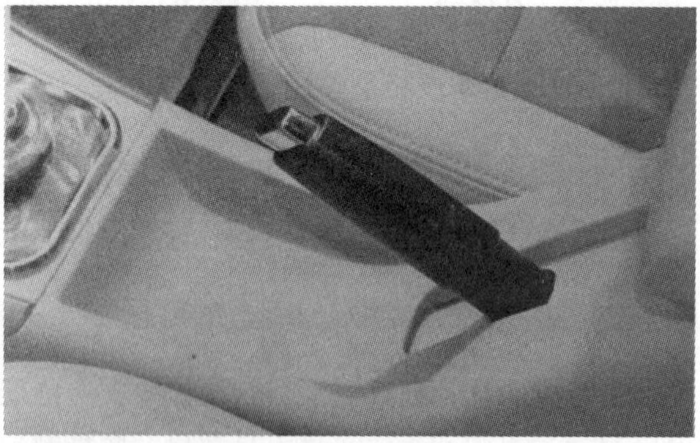

图 5-2-6　北汽新能源 EV160 汽车驻车制动操纵杆

驻车制动器内部工作元件及工作原理如图 5-2-8 所示，当车辆停止后，驾驶人拉起驻车制动杆，带动制动拉索拉动后轮制动器内杠杆，推动制动推杆，迫使前后制动蹄紧紧压在制动鼓上，从而起到制动作用。驻车制动操纵杆在棘齿作用下锁止在制动位置保持不动。

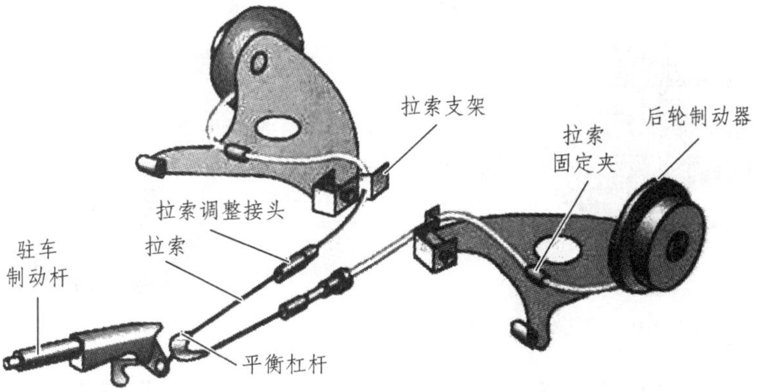

图 5-2-7　驻车制动装置的结构

1—驻车制动杠杆；2—驻车制动推杆；3—制动蹄；
4—拉索；5—制动轮缸；6—制动鼓。

图 5-2-8　驻车制动器内部工作原件及工作原理

3. 电动真空助力系统

电动汽车制动系统大多采用电动真空制动助力系统，也称为电动真空伺服制动系统或电动真空助力系统。该系统是在人力液压制动的基础上，加设套有真空助力器总成（见图 5-2-9）和电动真空泵（见图 5-2-10）提供真空伺服制动力的助力装置。

电动真空助力系统的工作过程：当驾驶人启动汽车时，12 V 电源接通，电子控制系统模块开始自检，如果真空罐内的真空度小于设定值，真空压力传感器输出相应电压值至控制器，此时控制器控制电动真空泵开始工作；当真空度达到设定值后，真空压力传感器输出相应电压值至控制器，控制器控制真空泵停止工作；当真空罐内的真空度因制动消耗，真空度小于设定值时，电动真空泵再次开始工作，如此循环。

图 5-2-9　真空助力器总成

图 5-2-10　电动真空泵

真空助力器的结构如图 5-2-11 所示。在自然状态时（见图 5-2-12），即驾驶人不踩制动踏板时，在阀门弹簧和回位弹簧的共同作用下，真空阀 A 处于开启状态，而空气阀 B 处于关闭状态。此时，真空助力器的前后腔是连通的，且都与大气隔绝。车辆启动和运转时，电动真空泵产生的真空助力器的真空阀（即真空单向阀）在此时前后腔都是真空状态。

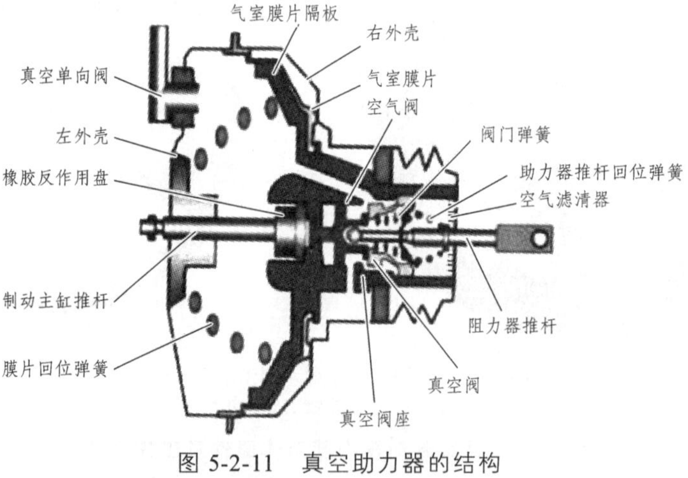

图 5-2-11　真空助力器的结构

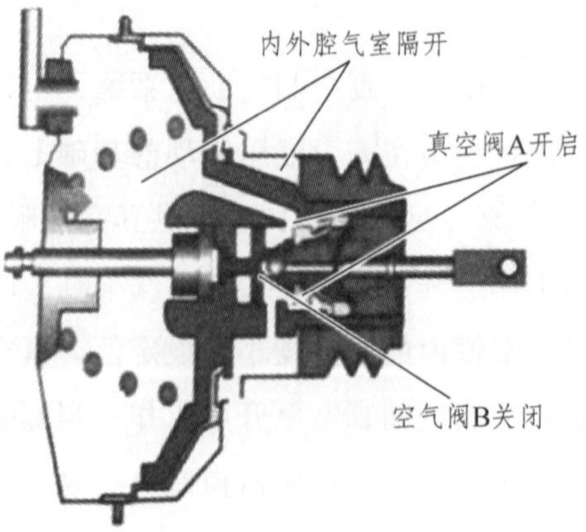

图 5-2-12　真空助力器处于自然状态

在中间工作状态时（见图 5-2-13），制动踏板推动推杆向前运动，真空阀 A 关闭，将内外腔隔开，接着空气阀 B 打开，大气进入外腔，由此产生的前后腔的压差推动膜片、膜板并带着活塞外壳向前运动。装配在推杆组件里的反馈板同时受到止动底座和活塞外壳的推力作用，再通过推杆组件施加在制动总泵的活塞上，总泵产生的油压一方面传递给各分泵，另一方面又作为反作用力通过助力器传回踏板，使驾驶人产生踏板感。

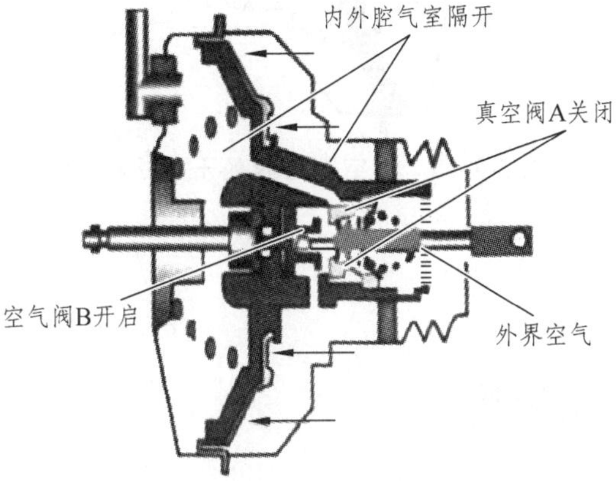

图 5-2-13　真空助力器处于中间状态

制动踏板的力保持不变，真空助力器处于平衡状态（见图 5-2-14），在经由反馈板传递的总泵向后的反作用力和膜片、膜板、活塞外壳、阀碗、支撑弹簧、阀圈向前运动趋势的共同作用下，空气阀 B 关闭，达到平衡状态。此时，任意一点踏板行程增长都会破坏这种平衡，使空气阀 B 重新打开，大气进入将进一步导致后腔原有的真空度降低，加大前后腔的压差。

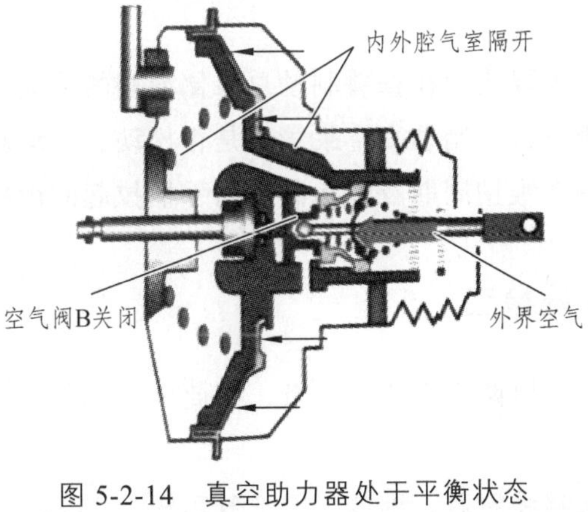

图 5-2-14　真空助力器处于平衡状态

松开踏板，真空助力器处于放松状态（见图 5-2-15），在阀圈弹簧的作用下，操纵杆带动止动底座向后运动，首先关闭空气阀 B，继续运动开启真空阀 A，助力器的内外腔连通，在回位弹簧的作用下，膜片、膜板、活塞外壳组件回到初始位置。

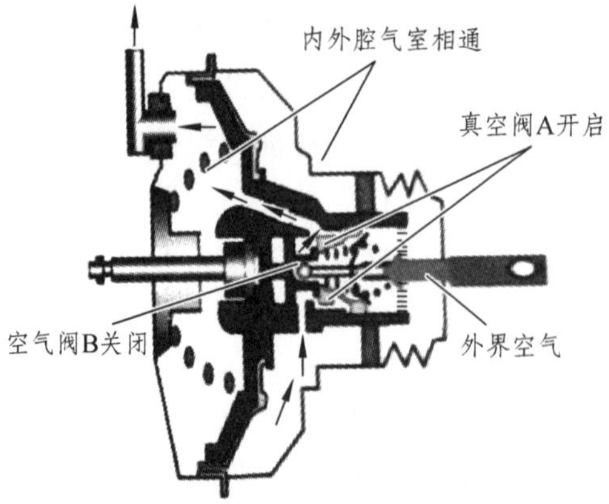

图 5-2-15　真空助力器处于放松状态

任务准备

实训整车、相应工具、安全防护装置。

任务训练

制动系统的维护，主要集中在查看制动总泵储液罐的液面高度是否符合要求、制动踏板的自由行程是否正常、制动真空泵管路是否松动、制动真空系统是否漏气、制动摩擦片是否能保证一个维护周期及驻车制动器手柄拉起的齿数。

一、制动真空系统检查

制动真空系统检查需要两个人协助进行，因此，在作业过程中应注意遵守操作规程，避免发生事故。

（1）维修工乙进入驾驶室后，维修工甲举升车辆。

（2）维修工乙将点火钥匙置于 ON 位，并连续 3 次完全踩下制动踏板。

（3）维修工甲观察制动真空泵（真空泵及真空罐位置如图 5-2-16 所示）的工作情况，并记录制动真空泵启动时刻。如果不能正常启动，则进行相应的维修作业。

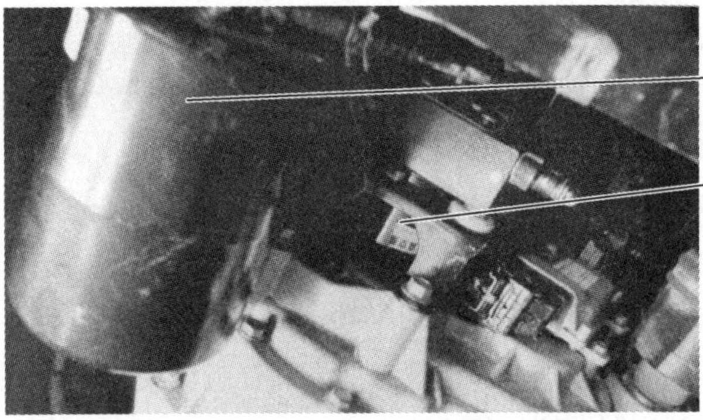

图 5-2-16　真空泵及真空罐位置

（4）从制动真空泵启动到真空罐内真空度达到设定值应不超过 10 s，当真空罐内真空度达到设定值时，电动真空泵停止工作。如果电动真空泵启动 10 s 后仍然工作，说明制动真空系统有漏气故障，需进行相应的维修作业。

（5）维修工乙连续踩动制动踏板，使制动真空泵运转 5 min。

（6）维修工甲检查真空泵有无异响、异味，各连接线和插接件有无变形发热。如果有上述现象，则可能是真空泵内部严重磨损。

（7）维修工甲降下车辆。

二、前轮制动摩擦片的更换

如果检查发现前轮制动摩擦片磨损严重，则应建议客户进行更换。其作业流程如下：

（1）松开车轮固定螺栓。

（2）举升车辆至合适的高度，拆下车轮固定螺栓，拆下车轮。

（3）举升车辆至合适高度并锁止。

（4）松开两个制动钳滑销螺栓。

（5）旋转制动钳，取下摩擦片。如果制动钳与摩擦片之间间隙过小，则应用相应工具将制动轮缸活塞轻轻推入制动轮缸中。此过程不要用力过猛，防止活塞密封圈漏油。

（6）安装摩擦片，旋转制动钳到安装位置，安装制动钳滑销螺栓。

（7）用扭力扳手将螺栓拧到规定力矩。

（8）降下车辆至合适位置，安装车轮及车轮固定螺栓。

（9）拧紧车轮固定螺栓。

（10）降下车辆，按规定力矩拧紧车轮固定螺栓，拧紧力矩为 110 N · m。

三、更换制动液

北汽 EV160 纯电动汽车用的制动液型号为 DOT4，不同型号的制动液不能混用。更换制动液的步骤如下：

（1）打开车门，安装三件套。

（2）打开机舱盖，安装翼子板布及前格栅布。

（3）打开制动液储液罐加注口并取出滤网。

（4）清洁吸液管路表面后，将抽吸机软管插入制动液储液罐。

（5）按下制动液抽吸机开关，将储液罐里的制动液抽出。

（6）补充新制动液至储液罐适宜高度。

（7）将适量 DOT4 型制动液加入加注灌。如果没有制动液加注罐，更换完右后轮制动液后，需降下车辆补充制动液，然后按右后、左后、右前、左前的顺序更换制动液，而且每更换一个车轮，都要降下车辆补充制动液。

（8）安装制动液加注罐。

（9）举升车辆。

（10）取下右后制动分泵油口防尘罩。

（11）将放油扳手套在制动分泵放油螺栓上。

（12）将放油口插接器插入制动液抽吸机软管。

（13）将吸液管路连接到制动分泵放油口上。

（14）拧松放油口螺栓。

（15）按下制动液抽吸机开关，将旧制动液吸出，此时吸液管路呈黄色或浑浊的颜色，当看到有接近透明的新制动液流出时即可。

（16）拧紧放油口螺栓至规定力矩。

（17）将插接器与制动分泵放油口分离，取下放油扳手。

（18）关闭制动液抽吸机开关。

（19）安装右后制动分泵放油口防尘罩。

（20）用同样的方法更换其余 3 个车轮制动管路中的制动液。

（21）降下车辆。

（22）踩下制动踏板数次，应感觉制动踏板沉重。如果感觉不沉重，则说明制动系统有空气，需要重复上述过程排气。

（23）举升车辆。

（24）检查各轮制动分泵放油口有无漏油。如果有漏油，则视情况处理。

（25）降下车辆。

（26）取下制动液加注罐。

（27）安装储液罐滤网、储液罐加注口盖。

（28）取下翼子板布及前格栅布，关闭机舱盖。

（29）取下三件套。

任务拓展

制动液

一、制动液的类型

制动液根据成分分类，主要分为三种：蓖麻油-醇型、矿物油型和合成型。其中，醇型与矿物油型已经淘汰，目前市面上的制动液主要为合成型。

1. 蓖麻油-醇型

通过精制的蓖麻油混合低碳醇（乙醇或丁醇）调配而成，经过沉淀，获得无色或浅黄色的清澈透明液体，即醇型制动液。

2. 矿物油型

用精制的轻柴油经过馏分后加入稠化剂和其他添加剂调配而成。

3. 合成型

合成型即用醚、醇、酯等加入润滑、抗氧化、防锈、抗橡胶溶胀等添加剂制成。

合成型为人工合成的制动液，是以聚醚、水溶性聚酯和硅油等为主体，加入润滑剂和添加剂制成。其使用性能良好，工作温度高达 200 °C 以上。它对橡胶和金属的腐蚀作用均很小，适合高速、大功率、重负荷和制动频繁的汽车使用，因此成为目前使用最广泛的制动液。合成型制动液又分为醇醚型、酯型和硅油型三大类型，其中使用最多的是醇醚型和酯型。

二、制动液的质量分级

（一）国外制动液的质量等级

美国石油协会规定，制动液分为 DOT3、DOT4 和 DOT5 三种质量级别，国际上一般车用制动液都是以 DOT 为分类标准，其数字越大，级别越高。DOT3 和 DOT4 级制动液是非矿物油系，是以聚醇为基础、以乙二醇及乙醇衍生物为主的醇醚型合成制动液，再加入润滑剂、稀释剂、防锈剂和橡胶抑制剂等调和而成，也是各国汽车所用最普遍的一种制动液。

（1）DOT3 一般为醇醚型。醇醚型的化学成分为低聚乙二醇或 MPG。低聚乙二醇或 MPG 具有较强的亲水性，所以在使用或储存的过程中其含水量会逐渐增高。由于制动液的沸点会随着水分含量的增高而降低，其制动性能会随含水量的增加而下降，所以制动液一般每两年需要更换一次。

（2）DOT4 一般为酯型。酯型是在醇醚型的基础上添加大量的硼酸酯。硼酸酯是由低聚乙二醇或 MPG 通过和硼酸的酯化反应而成的。硼酸酯的沸点比低聚乙二醇或 MPG 更高，所以其制动性能更好。硼酸酯还具有较强的抗湿能力，它能分解所吸收的水分，从而减缓由于吸水而导致的沸点下降。因此，酯型制动液性能比醇醚型更好，价格也更高。

（3）DOT5 一般为硅油型。硅油型的化学成分为聚二甲基硅氧烷。它的沸点在这三类中是最高的，所以价格也最贵。其采用高成本的硅油基础油提炼而成，抗高温和不易吸水的能力都比较强，可以承受比较强的制动力。但硅油成分对制动系统内的活塞油封、制动油管等会产生腐蚀，造成制动液渗漏，导致制动系统无法工作。DOT5 一般为专业赛车用或军事用制动液，市场上基本没有售卖。这种制动液的成分与通用的制动液完全不同，是完全不亲水的，并且与 ABS 完全不兼容。该标号的制动液只用于特殊用途，故普通汽车市场上同样也没有售卖。

（二）我国制动液的质量等级

2012 年 5 月 11 日，我国颁布了国家标准 GB 12981—2012《机动车辆制动液》。按使用工况温度和黏度要求的不同将合成制动液分为 HZY3、HZY4、HZY5、HZY6 四个级别。序号越大，其平衡回流沸点越高，高温抗气阻性越强，行车制动安全性越好。

HZY3 级制动液具有优良的低温流动性能和良好的抗高温气阻性能，相当于 ISO 4925（国际标准）和 DOT3（美国车辆安全标准）水平，能满足国产轿车、微型车和进口货车的使用要求。

HZY4 级制动液具有良好的低温流动性能和优良的抗高温气阻性能，相当于 DOT4 水平，能满足新型高级轿车的使用要求。

HZY5、HZY6 级制动液具有良好的低温流动性能和优异的抗高温气阻性能，相当于 DOT5.1 水平，仅供有特殊要求的车辆，目前市面上很少见。

项目六

新能源汽车整车维护与保养

任务一　新能源汽车日常维护与保养

任务描述

小明家新购置了一辆纯电动新能源汽车，他向实习所在的 4S 店的师傅咨询车辆使用时应该怎样做日常维护与保养。假如你是小明的师傅，你要怎样向小明讲解电动汽车的日常维护与保养的相关知识？

任务目标

（1）了解纯电动新能源汽车维护与保养的意义。

（2）掌握纯电动新能源汽车日常保养的作业内容。

（3）能正确进行纯电动新能源汽车日常维护保养作业。

任务学习

一、汽车维护与保养的意义

新能源汽车和传统车辆一样，在行驶的过程中，许多零部件处于非常苛刻的运行环境：低温严寒、高温酷热、高速、多尘、颠簸的路面等。一些部件由于环境的不断变化和时间的推移开始老化，一些零件由于经常高速运动而不断磨损，另外一些部件也会在不经意间磕伤。这就需要及时进行检查、调整或更换，以保持车辆良好的技术状况，提高使用寿命，确保行车安全，充分发挥汽车的使用效能，并将运行消耗降至最低，从而取得良好的经济效益、社会效益和环境效益，这就是汽车维护的意义所在。

纯电动汽车除在动力源、驱动方式上与普通汽车不同外，其他系统部件大致相同。在日常保养中，风窗洗涤液、轮胎气压、制动性能等常规检查项目与普通车辆相同。但纯电动汽车的行驶与供电系统密不可分，因此，“三电”部分的维护保养尤为重要。

二、纯电动汽车日常维护保养项目

纯电动汽车的日常维护仍以清洁、调校和检查为主要作业内容，如表 6-1-1 所示。

表 6-1-1　纯电动汽车的日常维护项目

<table>
<tr><th>序号</th><th>日常维护</th><th>常规系统</th><th>电动系统</th><th>备　注</th></tr>
<tr><td>1</td><td>清洁</td><td>车身（车窗等）</td><td>高压部件相关风冷过滤网</td><td rowspan="3">采用压缩空气吹扫或使用工业级吸尘器除尘</td></tr>
<tr><td rowspan="2">2</td><td rowspan="2">调整</td><td>常规工作介质（油、水、电、胎压等）</td><td>高压工作介质（制冷剂、冷却液、高压蓄电池的电量等）</td></tr>
<tr><td>运动部件润滑（如门窗铰链）</td><td>电动传动系统零部件润滑</td></tr>
<tr><td rowspan="3">3</td><td rowspan="3">安检</td><td>底盘系统（制动、传动、悬挂、转向等）</td><td>驱动电机及控制器工作状态检查</td><td rowspan="3">有任何高压警示，立即停用处理（警示灯见《电动汽车常见图标》，未注项目参照产品使用说明）</td></tr>
<tr><td>电气系统（灯光、照明、信号等）</td><td>仪表指示灯检视</td></tr>
<tr><td>电动机运转状态</td><td>动力蓄电池中通、电动辅助系统</td></tr>
</table>

1. 动力电缆线的维护

（1）动力电缆线外观的检查，包括电缆线的绝缘层、插接件自锁装置有无损坏，插接件内表面有无烧蚀，电缆线有无老化。

（2）用数字兆欧表检测电缆线的绝缘性。

（3）检查电缆线插接件有无松脱。

（4）检查电缆线是否与金属摩擦。

2. 动力电池的维护

（1）检查动力电池组的外壳有无变形、密封条有无老化。

（2）用万用表检查各动力电池模组的电压和总电压。

（3）检查动力电池温度传感器的阻值是否偏大。

（4）检查动力电池的采集模块线束有无松脱。

（5）检查各动力电池模组的接线柱螺栓有无松动、变色、烧蚀等现象。

（6）6个月或10 000 km时检查单体电池有无变形、漏液。

（7）纯电动客车运营2年后要做动力电池容量测试；纯电动家用轿车运行4年后要做动力电池容量测试。

（8）连接诊断仪检测动力电池有无故障码。

3. 电机及电机控制器的维护

（1）检查电机控制器输入端的接头螺栓或插头有无松动，接触面有无烧蚀现象。

（2）检查电机接线柱上的螺栓有无松动、变色、烧蚀等现象。

（3）检查电机三相电缆线的绝缘性，绝缘层有无破损，电缆线有无老化。

（4）检查电机的旋变线圈插接件和温度传感器插接件有无松脱。

（5）检查电机及电机控制器的散热水泵和散热风扇工作是否正常。

（6）每60 000 km或3年更换电机及控制器的冷却液。

（7）每45 000 km更换电机的齿轮油。

（8）检查 DC/DC 转换器输入、输出电缆线的外观和绝缘性，检查低压蓄电池或铁电池的接头有无松动。

（9）连接诊断仪检测电机及电机控制器有无故障码。

4. 空调系统的维护

（1）检查电动压缩机的输入电缆线插接件有无松动。

（2）检查电动压缩机端的电缆线接头螺栓是否松动、表面有无烧蚀。

（3）检查鼓风机、散热风扇是否工作正常。

（4）清洁空调滤清器，清洁空调散热器上的杂物。

（5）连接诊断仪检测空调系统有无故障码。

5. 电动助力转向的维护

（1）检查转向电机的电缆线插接件有无松脱，检查转向 ECU 插头、各传感器的插头有无松脱。

（2）检查转向球头有无磨损、松动。

（3）连接诊断仪检测电动助力转向系统有无故障码。

6. 充电系统的维护

（1）正确掌握充电时间：提出新车后必须及时补充电能，保持动力电池在充满状态。在使用过程中，要根据实际情况，参考平时使用频率及行驶里程，准确把握充电时间。正常行驶时，如果电量表指示红灯和黄灯点亮，则应进行充电。如果只有红灯点亮，则应停止运行，尽快充电。过度放电会缩短动力电池的寿命。充电时间不宜过长，否则会形成过度充电，使车辆动力电池发热。过度充电、过度放电和充电不足都会缩短动力电池的使用寿命。在充电过程中，若动力电池温度超过 65 °C，则应停止充电。

（2）保护好充电器：纯电动汽车使用说明书上都有关于保护充电器的说明。另外，需要注意的是，充电时要保持充电器的通风，否则既影响充电器的寿命，还可能发生热漂移影响充电，对动力电池形成损伤。

（3）定期深放电：动力电池定期进行一次深放电有利于电池“活化”，此举可略微提升动力电池的容量。动力电池经过第一次欠压保护后，经过一段时间后电压还会上升，又恢复到非欠压状态。这时候如果再使用动力电池，对动力电池的伤害很大。在完成完全放电后，对动力电池进行完全充电，动力电池容量会有所提升。

（4）保持电能充足：纯电动汽车在日常使用中，要保持电池的足电状态，控制好车速，最佳行驶里程为最长行驶里程的 1/3 ~ 2/3。如果每天行驶 10 ~ 20 km，则最好每两天补充一次电能；如果日行驶里程大于 50 km，则应当天就补充电能，使动力电池长期处于“吃饱状态”。用完后闲置几天再充电，极易出现硫化，导致动力电池容量下降。

（5）避免充电时插头发热：电源插头或充电器输出插头松动、接触面氧化等现象都会导致插头发热，发热时间过长，会使插头短路或接触不良，损害充电器和动力电池，带来不必要的损失。当发现上述情况时，应及时清除氧化物或更换插接件。

（6）严禁存放时亏电：车辆动力电池在存放时严禁处于亏电状态。亏电状态指动力电池使用后没有及时充电。在亏电状态下存放动力电池，很容易出现硫酸盐化，硫酸铅结晶物附着在极板上，会堵塞电离子通道，造成充电不足，致使动力电池容量下降。纯电动汽车的动力电池需充足电后储存，并每月补充电一次，以保持健康状态，避免长期亏电导致动力电池极板硫酸盐化而损坏动力电池。车辆闲置时间越长，动力电池损坏越严重。

（7）避免大电流放电：纯电动汽车在起步时，要均匀加速，尽量避免猛踩加速踏板，形成瞬间大电流放电。大电流放电容易导致硫酸铅结晶，进而损害动力电池极板的物理性能。动力电池不能放置在密封容器内，不要靠近明火。不要将动力电池抛入火中或浸没在水中，严禁在阳光下暴晒动力电池。停车时，一定要关闭车内所有电源。

任务准备

安全防护：做好车辆安全防护与隔离（车内外三件套、车轮挡块、警示隔离带等）。

工具设备：数字万用表、绝缘防护用品、绝缘工具套装、常规工具套装。

台架车辆：纯电动教学版整车。

辅助资料：汽车保养手册、教材。

任务训练

实操步骤：

（1）车辆工位、设备工具准备，如图 6-1-1 所示。

图 6-1-1　车辆工位、设备工具准备

① 车辆安全停放于举升工位。

② 配套安全防护设备。

③ 配套日常检查常用工具。

（2）查阅用户手册，制订车辆保养计划，可参看计划表，按里程表的读数或时间间隔而定，以先到者为准。

（3）车辆防腐蚀检查，如图 6-1-2 所示。检查车身的油漆和装饰件油漆层，若有碎片或裂纹，应立刻修补，以防止腐蚀；检查车厢内部有无积液或积尘，确保地毯下面干燥；检查挡泥板有无损坏或脱落。

图 6-1-2　车辆防腐蚀检查

（4）洗车及漆面保养，如图 6-1-3 所示。

图 6-1-3　漆面保养

① 及时清除车身表面灰尘。

② 雨后及时清洗车辆，防止酸性雨水损伤漆面。

③ 勿在烈日和高温下洗车。

④ 擦洗车辆时，用清洁柔软的棉布或海绵擦拭。

⑤ 对一些特殊的腐蚀性极强的痕迹（如沥青、鸟粪、昆虫尸体等）要及时清除。

⑥ 勿用带有油污的脏手触摸车身漆面或用油抹布随意擦洗漆面。

⑦ 漆面若无明显划痕，勿进行二次喷漆，以防止漆色不合或结合不好。

⑧ 如发现漆面有伤痕、凹陷或脱落，则及时进行修补。

⑨ 对镀铬金属件的清洗，应使用炭精清洗剂，定期对其上蜡保护。

⑩ 对车身装饰件的清洗，要用质量合格的洗涤剂，上蜡时勿用力过重，避免穿透漆面。

（5）油液检查。打开动力舱，检查确认制动液量、蓄电池电解液量、冷却液量、洗涤液量符合标准，如图 6-1-4 所示。

图 6-1-4　油液类检查

（6）动力舱内检查。检查高压线束及低压线束连接情况；用兆欧表检查各高压部件绝缘电阻，应符合规定要求；启动车辆，检查电机等部件有无异响、漏油或异味等现象，如图 6-1-5 所示。

图 6-1-5　动力舱内检查

（7）驾驶舱内检查，检查作业内容如下：

① 检查驻车制动器，如图 6-1-6 所示。

② 检查电机运转状况及仪表指示灯，如图 6-1-7 所示。

③ 检查制动踏板，如图 6-1-8 所示。

④ 检查洗涤液喷射装置及刮水器。

⑤ 检查灯光及信号指示灯，如图 6-1-9 所示。

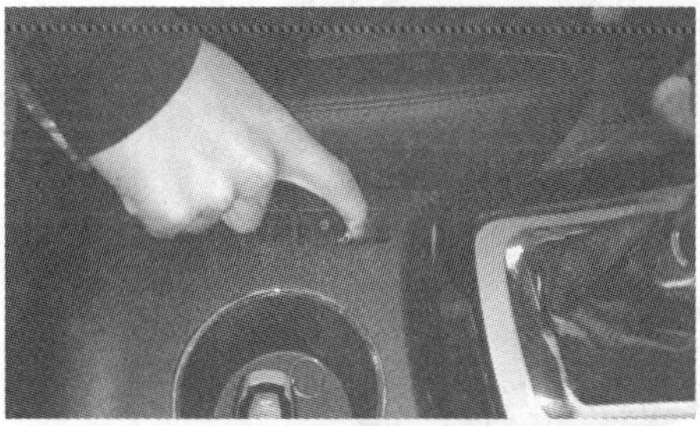

图 6-1-6　驻车制动器检查

图 6-1-7　电机运转状况检查

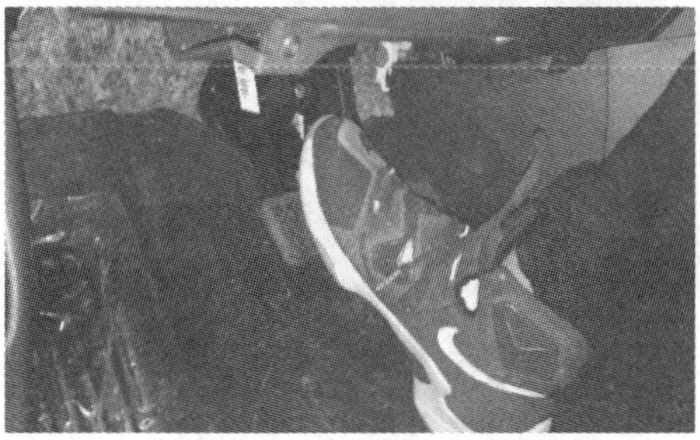

图 6-1-8　制动踏板检查

图 6-1-9　灯光及信号指示灯检查

（8）车辆底盘检查。安全举升车辆，检查内容如下：

① 检查车辆底盘有无漏液等异常现象，如图 6-1-10 所示。

② 检查动力电池连接线束有无磨损、脱落等异常现象，如图 6-1-11 所示。

③ 检查轮胎有无异常磨损、龟裂、凸起等异常现象，如图 6-1-12 所示。

图 6-1-10　车辆底盘漏液检查

图 6-1-11　动力电池连接线束检查

图 6-1-12　轮胎检查

（9）充电系统检查。检查充电接口有无杂物、充电盖板是否牢固可靠；连接充电系统，检查车辆充电状况，如图 6-1-13 所示。

图 6-1-13　充电系统检查

（10）行驶状态检查。行驶车辆，检查制动效果、电机低速及加速性能；检查行驶过程中有无异响、噪声等异常现象。

任务拓展

某纯电动新能源汽车日常维护

某纯电动新能源汽车日常维护检查见表 6-1-2。

表 6-1-2　保养项目及内容

系统类别	检查内容	处理方法	A级保养			B级保养		
			项目	配件及材料	数量或价格	项目	配件及材料	数量或价格
1. 动力电池系统	安全防护	检查视情处理	√			√		
	绝缘	检查视情处理	√			√		
	插接件状态	检查视情处理	√			√		
	标识	检查视情处理	√					
	螺栓紧固力矩	检查视情处理	√		√			
	动力电池加热功能检查	检查视情处理	√					
	外部检查	清洁处理	√					
	数据采集	分析视情处理	√			√		

续表

系统类别	检查内容	处理方法	A级保养			B级保养		
			项目	配件及材料	数量或价格	项目	配件及材料	数量或价格
2. 电机系统	安全防护	检查视情处理	√			√		
	绝缘检查	检查视情处理	√			√		
	电机及控制器冷却检查	检查视情处理	√			√		
	外部检查	清洁处理	√			√		
3. 电器电控系统	机舱及各部位低压线束防护及固定	检查视情处理	√			√		
	机舱及各部位	检查视情处理	√			√		
	插接件状态							
	机舱及底盘高压线束防护及固定	检查视情处理	√		√			
	机舱及底盘各高、低压电器固定及插接件连接状态	检查视情处理并清洁	√			√		
	蓄电池	检查电量状态，并视情况处理	√			√		
	灯光、信号	检查视情处理	√			√		
	充电口及高压线	检查视情处理	√			√		
	高压绝缘监测系统	检查视情处理	√					
	故障诊断系统报警监测	检测、检查并视情处理	√					
4. 制动系统	驻车制动器	检查性能并视情处理	√			√		
	制动装置	泄漏检查	√			√		
	制动液	液位检查	√	更换制动液		√	检查视情	
	制动真空泵、控制器	检查（漏气），并视情处理	√			√		
	前、后制动摩擦副	检查并视情况更换	√			√		

续表

系统类别	检查内容	处理方法	A级保养			B级保养		
			项目	配件及材料	数量或价格	项目	配件及材料	数量或价格
5. 转向系统	方向盘及转向管柱连接紧固状态	检查并视情况处理	√			√		
	转向机本体连接紧固状态	检查并视情况处理	√			√		
	检查转向横拉杆间隙及防尘套	检查并视情况处理	√			√		
	检查转向助力功能	路试并视情况处理	√					
6. 车身系统	风窗及洗涤雨刷	检查并视情况更换处理	√	添加风窗洗涤剂	材料收费	√	检查并视情况添加	
	顶窗	检查并视情况处理	√	加注润滑脂	润滑脂250 g		加注润滑脂	润滑脂250 g
	座椅及滑道	检查并视情况处理	√			√		
	门锁及铰链	检查并视情况处理	√			√		
	机舱铰链及锁扣	检查并视情况处理	√			√		
	后背门（厢）铰边及锁	检查并视情况处理	√			√		
7. 传动及悬挂系统	变速箱（减速箱）	检查减速箱连接、紧固及渗漏	√	更换减速箱齿轮油	EI50EV单减1.1 L 多减2 L C70为1.1 L	√	检查并视情况添加	
	传动轴	检查球笼间隙及防护罩，并视情况处理	√			√		
	轮辋	检查、紧固，视情处理	√			√		
	轮胎	检查胎压，并视情况处理	√			√		
	副车架及各悬置连接状态	检查紧固	√					
	前后减振器	检查渗漏情况并紧固，视情况更换	√					

续表

系统类别	检查内容	处理方法	A级保养			B级保养		
			项目	配件及材料	数量或价格	项目	配件及材料	数量或价格
8. 冷却系统	冷却液液位及冰点	液位及冰点测试，视情况添加	√	更换冷却液	冷却液6 L	√	检查并视情况添加	
	冷却管路	检查渗漏情况并处理	√			√		
	水泵	检查渗漏情况并处理	√			√		
	散热水箱	检查并清洁	√			√		
9. 空调系统	空调冷、暖风功能	测试并处理	√					
	压缩机及控制器	检查压缩机和控制器安装及线束插接件状态	√					
	空调管路及连接固定	管路防护检查并视情况检漏处理	√			√		
	空调系统冷凝水排水口	检查处理	√					
	空调滤芯	检查处理	√	更换空调滤芯	滤芯收费（首次保养免费）	√	清洁	

任务二　新能源汽车一、二级维护与保养

任务描述

小明在新能源汽车 4S 店实习，需对一辆纯电动汽车进行二级维护保养。假如你是小明的师傅，你要如何带着小明一起进行维护作业？

任务目标

（1）了解新能源汽车一、二级维护保养的作业项目。

（2）能正确进行纯电动新能源汽车一、二级保养维护作业。

任务学习

纯电动汽车一、二级维护保养属于周期性维护，它与燃油汽车保养工作最大的区别就是，纯电动汽车主要是针对动力电池组和电机进行日常养护。通常情况下，纯电动汽车保养项目包括制动系统、空调系统、充电系统、底盘部分检查、车身部分检查、动力电池系统检查、冷却系统检查、转向系统检查、附加项目 9 个大项目，共计近 50 个小项。目前，纯电动新能源汽车定期维护主要依据《汽车维护、检测、诊断技术规范》（GB/T 18344—2016）、《新能源汽车维护技术标准（试行）》等相关技术标准进行。

一、新能源汽车一级维护保养作业项目

（一）纯电动汽车常规系统一级维护

一级维护是指除日常维护作业外，以润滑、紧固为作业中心内容，并检查有关制动、操纵等系统中的安全部件的维护作业。纯电动汽车常规系统与传统汽车类似，其结构、部件的一级维护按照《汽车维护、检测、诊断技术规范》（GB/T 18344—2016）执行，其作业项目及技术要求见表 6-2-1。

表 6-2-1　纯电动汽车常规系统一级维护作业项目及技术要求

序号	作业项目		作业内容	技术要求
1	转向系	部件连接	检查和校紧万向节、横直拉杆、球头销、转向节等部位的连接螺栓、螺母	各部件连接可靠
2	转向系	转向器润滑油及转向助力油	检查油面高度，视情更换	按规定的里程或时间更换转向器润滑油及转向助力油，油面高度符合规定
3	制动系	制动管路、制动阀及接头	检查制动管路、制动阀及接头，校紧接头	制动管路、制动阀固定可靠，接头紧固，无漏气（油）现象
4	制动系	缓速器	检查和校紧缓速器连接螺栓、螺母，检查定子与转子间隙，清洁缓速器	缓速器连接紧固，定子与转子间隙符号规定，缓速器外表、定子与转子间清洁，各插接件与接头连接可靠
5	制动系	储气筒	检查储气筒	无积水及油污
6	制动系	制动液	检查液面高度，视情更换	按规定的里程或时间更换制动液，液面高度符合规定

续表

序号	作业项目		作业内容	技术要求
7	传动系	各连接部位	检查和校紧变速器、传动轴、驱动桥壳、传动轴支撑等部位的连接螺栓、螺母	各部件连接可靠，密封良好
8		变速器、主减速器和差速器	清洁通气孔	通气孔通畅
9	车轮	车轮及半轴的螺栓、螺母	校紧车轮及半轴的螺栓、螺母	扭紧力矩符合规定
10		轮辋及压条挡圈	检查轮辋及压条挡圈	轮辋及压条挡圈无裂损及变形
11	其他	蓄电池	检查蓄电池	液面高度符合规定，通气孔畅通，电桩和夹头清洁、牢固，免维护蓄电池电量状况指示正常
12		防护装置	检查侧防护装置及后防护装置，校紧螺栓、螺母	完好有效，安装牢固
13		全车润滑	检查、润滑各润滑点	润滑嘴齐全有效，润滑良好。各润滑点防尘罩齐全完好。集中润滑装置工作正常，密封良好
14		整车密封	检查泄漏情况	全车不漏油、不漏液、不漏气

（二）纯电动汽车高压系统一级维护

纯电动汽车高压系统一级维护以清洁、润滑、紧固、调整和仪器检测为主，其作业项目及要求见表 6-2-2。

表 6-2-2　纯电动汽车高压系统一级维护作业项目及技术要求

序号	作业项目		作业内容	技术要求
1	驱动电机	驱动电机冷却液的液位和浓度检查	检查驱动电机冷却液的液位和浓度，必要时添加冷却液和校准冷却液冰点	液位在指示刻度范围内，冰点根据厂家规定的要求操作校准
		驱动电机安装支架	目视检查驱动电机外观与安装支架	驱动电机外观无裂纹、破损，安装支架无歪斜开裂等故障现象，支架固定螺栓扭矩符合出厂标准
2	动力电池	动力电池系统（设备）冷却风道滤网	拆卸、清洁、检查滤网	清除积尘，如有损坏或达到产品说明书要求更换条件的，更换滤网
		动力电池系统状态	用专用动力蓄电池维护设备（或外接充电）对单体电池一致性进行维护	动力蓄电池系统中电池单体一致性应满足产品技术要求
		动力电池系统 SOC 值校准	采用动力蓄电池专用诊断设备（或外接充电）对系统 SOC 值校准	系统 SOC 误差值小于 8%

续表

序号	作业项目		作业内容	技术要求
2	动力电池	动力电池安装	目视检查动力电池外观与安装支架	动力电池外观无裂纹、破损，安装支架无歪斜开裂等故障现象，支架固定螺栓扭矩符合出厂标准
		外接充电互锁	外接充电检查	当车辆与外部电路（如电网、外部充电器）连接时，不能通过其自身的驱动系统使车辆移动
		维修开关	手动检查维修开关	确保可靠安装并清理表面灰尘
3	高压控制系统	整车高压系统故障检查	用专用诊断仪检查车辆高压系统是否报故障，并对故障实施解除相关作业	高压系统无故障
		高压线束连接器紧固	目视检查、紧固	连接器接触面无过热、烧蚀等现象，紧固扭矩满足技术要求
		高压绝缘状态	使用绝缘表（500 V）检测高压系统输入、输出与车体之间的绝缘电阻	绝缘电阻≥5 MΩ
		绝缘防护完整性	目视检查	高压线束绝缘防护层完整，无老化、破损。设备绝缘机脚无老化、破损、异常变形
		高压系统紧固检查	目视检查、紧固	高压箱、电机控制器等外挂式的高压系统部件固定扭矩满足技术要求
4	高压附件系统	电动空压机油面	目视检查	在刻度指示范围内
		电动真空助力器	目视检查、紧固	各管路、接口不漏气
		电动空压机安装紧固检查	目视检查、紧固	符合紧固力矩要求
		电动空压机传动结构紧固检查	目视检查、紧固	符合紧固力矩要求
		电动空压机卸荷功能检查	启动电动空压机工作，加压完成、停止工作后，系统自动卸荷	卸荷正常，无异常延时或关闭后漏气等情况
		电动转向泵安装紧固检查	目视检查、紧固	符合紧固力矩要求
		充电系统（DC/DC变换器）	功能检查、紧固	低压蓄电池充电电压符合出厂标准
		电动空调压缩机状态检查	功能检查、紧固	空调制冷符合出厂标准，紧固扭矩符合出厂要求
		电加热暖气系统	功能检查、紧固	暖气制热符合出厂标准，紧固力矩符合出厂要求

二、新能源汽车二级维护保养作业项目

（一）纯电动汽车常规系统二级维护

二级维护是指除一级维护作业外，以检查、调整制动系统、转向操纵系统、悬架等安全部件，并拆检轮胎，进行轮胎换位，检查调整发动机工作状况和汽车排放相关系统等为主的维护作业。纯电动汽车二级维护分为常规系统二级维护及高压系统二级维护两大作业内容。常规系统二级维护按照《汽车维护、检测、诊断技术规范》（GB/T 18344—2016）执行，其作业项目及技术要求见表 6-2-3。

表 6-2-3 纯电动汽车常规系统二级维护作业项目及技术要求

序号	作用项目		作业内容	技术要求
1	制动系	储气筒、干燥器	检查、紧固储气筒，检查干燥器功能，按规定里程或时间更换干燥剂	储气筒安装牢固，密封良好。干燥器功能正常，排水阀通畅
2		制动踏板	检查、调整制动踏板自由行程	制动踏板自由行程符合规定
3		驻车制动	检查驻车制动性能，调整操纵机构	功能正常，操纵机构齐全完好、灵活有效
4		防抱死制动装置	检查连接线路，清洁轮速传感器	各连接线及插接件无松动，轮速传感器清洁
5		鼓式制动器	检查制动间隙调整装置	功能正常
			拆卸制动鼓、轮毂、制动蹄、清洁轴承位、轴承、支承销和制动底板等零件	清洁，无油污，轮毂通气孔畅通
			检查制动底板、制动凸轮轴	制动底板安装牢固，无变形、裂损。凸轮轴转动灵活，无卡滞和松旷现象
			检查轮毂内外轴承	滚柱保持架无断裂，滚柱无缺损、脱落，轴承内外圈无裂损和烧蚀
			检查制动摩擦片、制动蹄及支承销	摩擦片表面无油污、裂损，厚度符合规定。制动蹄无裂纹及明显变形，铆接可靠，铆钉沉入深度符合规定。支承销无过量磨损，与制动蹄轴承孔衬套配合无明显松旷

续表

序号	作用项目		作业内容	技术要求
5	制动系	鼓式制动器	检查制动蹄复位弹簧	复位弹簧不得有扭曲、钩环损坏、弹性损失和自由长度改变等现象
			检查轮毂、制动鼓	轮毂无裂损，制动鼓无裂痕、沟槽、油污及明显变形
			装复制动鼓、轮毂、制动蹄，调整轴承松紧度，调整制动间隙	润滑轴承，轴承位涂抹润滑脂后再装轴承。装复制动蹄时，轴承孔均应涂抹润滑脂，开口销或卡簧固定可靠。制动摩擦片制动鼓摩擦面应清洁，无油污。制动摩擦片与制动鼓配合间隙符号规定。轮毂转动灵活且无轴向间隙。锁紧螺母、半轴螺母及车轮螺母齐全，扭紧力矩符合规定
6	制动系	盘式制动器	检查制动摩擦片和制动盘磨损量	制动摩擦片和制动盘磨损量应在标记规定或制造商要求的范围内，其摩擦工作面不得有油污、裂纹、失圆和沟槽等损伤
			检查制动摩擦片与制动盘间的间隙	制动摩擦片与制动盘之间的转动间隙符号规定
			检查密封件	密封件无裂纹或损坏
			检查制动钳	制动钳安装牢固、无油液泄漏。制动钳导向销无裂纹或损坏
7	转动系	转向器和转向传动机构	检查转向器和转向传动机构	转向轻便、灵活，转向无卡滞现象，锁止、限位功能正常
			检查部件技术状况	转向节臂、转向器摇臂及横直拉杆无变形、裂纹和拼焊现象，球销无裂纹、不松旷，转向器无裂损、漏油现象
8		转向盘最大自由转动量	检查、调整转向盘最大自由转动量	最高设计车速不小于 100 km/h 的车辆，其转向盘的最大自由转动量不大于 15°，其他车辆不大于 25°
9	行驶系	车轮及轮胎	检查轮胎规格型号	轮胎规格型号符合规定，同轴轮胎的规格和花纹应相同，公路客车（客运班车）、旅游客车、校车和危险货物运输车的所有车轮及其他车辆的转向轮不得装用翻新的轮胎

续表

序号	作用项目		作业内容	技术要求
9	行驶系	车轮及轮胎	检查轮胎外观	轮胎的胎冠、胎壁不得有长度超过25 mm或深度足以暴露出帘布层的破裂和割伤以及凸起、异物刺入等影响使用的缺陷。具有磨损标志的轮胎，胎冠的磨损不得触及磨损标志；无磨损标志或标志不清的轮胎，乘用车和挂车胎冠花纹深度应不小于1.6 mm；其他车辆的转向轮的胎冠花纹深度应不小于3.2 mm，其余轮胎胎冠花纹深度应不小于1.6 mm
			轮胎换位	根据轮胎磨损情况或相关规定，视情进行轮胎换位
			检查、调整车轮前束	车轮前束值符号规定
10		悬架	检查悬架弹性元件，校紧连接螺栓、螺母	空气弹簧无泄漏，外观无损伤。钢板弹簧无断片、缺片、移位和变形，各部件连接可靠，U形螺栓螺母扭紧力矩符合规定
			减振器	减振器稳固有效，无漏油现象，橡胶垫无松动、变形及分层
11		车桥	检查车桥、车桥与悬架之间的拉杆和导杆	车桥无变形，表面无裂痕，油脂无泄漏，车桥与悬架之间的拉杆和导杆无松旷、移位和变形
12	传动系	离合器	检查离合器工作状况	离合器接合平稳，分离彻底，操作轻便，无异响、打滑、抖动及沉重等现象
			检查、调整离合器踏板自由行程	离合器踏板自由行程符合规定
13		变速器、主减速器、差速器	检查、调整变速器	变速器操纵轻便、挡位准确，无异响、打滑及乱挡等异常现象，主减速器、差速器工作无异响
			检查变速器、主减速器、差速器润滑油液面高度，视情更换	按规定的里程或时间更换润滑油，液面高度符合规定

续表

序号	作用项目		作业内容	技术要求
14	传动系	传动轴	检查防尘罩	防尘罩无裂痕、损坏，卡箍连接可靠，支架无松动
			检查传动轴及万向节	传动轴无弯曲，运转无异响。传动轴及万向节无裂损、松旷现象
			检查传动轴承及支架	轴承无松旷，支架无缺损和变形
15	灯光导线	前照灯	检查远光灯发光强度，检查、调整前照灯光束照射位置	符合 GB 7258 规定
16		线束及导线	检查发动机舱及其他可视的线束及导线	插接件无松动，接触良好。导线布置整齐、固定牢靠，绝缘层无老化、破损，导线无外露。导线与蓄电池桩头连接牢固，并有绝缘套
17	车架车身	车架和车身	检查车架和车身	车架和车身无变形、断裂及开焊现象，连接可靠，车身周正。发动机罩锁扣锁紧有效。车厢铰链完好，锁扣锁紧可靠，固定集装箱箱体、货物的锁止机构工作正常
			检查车门、车窗启闭和锁止	车门和车窗应启闭正常，锁止可靠。客车动力启闭车门的车内应急开关及安全顶窗机件齐全、完好有效
18		支撑装置	检查、轮滑支撑装置，校紧连接螺栓、螺母	完好有效，润滑良好，安装牢固
19		牵引车与挂车连接装置	检查牵引销及其连接装置	牵引销安装牢固，无损伤、裂纹等缺陷，牵引销颈部磨损量符号规定
			检查和润滑牵引座及牵引销锁止、释放机构，校紧连接螺栓、螺母	牵引座表面油脂均匀，安装牢固，牵引销锁止、释放机构工作可靠
			检查转盘与转盘架	转盘与转盘架贴合面物松旷、偏歪。转盘与牵引连接部件连接牢靠，转盘连接螺栓应紧固，定位销无松旷、磨损，转盘润滑
			检查牵引钩	牵引钩无裂纹及损伤，锁止、释放机构工作可靠

（二）纯电动汽车高压系统二级维护

纯电动汽车高压系统二级维护除完成表 6-2-2 作业内容外，还应完成下列项目作业，如表 6-2-4 所示。

表 6-2-4 纯电动汽车高压系统二级维护作业项目及技术要求

序号	系统	项目	作业内容	技术要求
1	驱动电机系统	驱动电机	电机接线耳	无电击、烧蚀现象
			电机端 3 相线螺栓	无松动
			电机端 3 相屏蔽线	相屏蔽线与三相线无短路，绝缘电阻≥6 MΩ
			电机防水接插件紧固，防水有效	紧固，防水有效
			电机三相线高压电缆	波纹管无破损或老化
			电机信号线插件	紧固
		电机控制器	逆变器输入、输出端接线耳	无电击、烧蚀现象
			逆变器输出端 3 相线螺栓	无松动
			逆变器输出端 3 相线屏蔽线	无短路，绝缘电阻≥5 MΩ
			逆变器防水接插件	紧固
			输入端 2 相母线绝缘防护	无老化、破损、铜线裸露
			输入端 2 相母线螺栓	无松动
		绝缘检查	A 相对车体绝缘电阻（绝缘表 500 V）	≥5 MΩ
			B 相对车体绝缘电阻（绝缘表 500 V）	≥5 MΩ
			C 相对车体绝缘电阻（绝缘表 500 V）	≥5 MΩ
			逆变器正极对车体绝缘电阻（绝缘表 500 V）	≥5 MΩ
			逆变器负极对车体绝缘电阻（绝缘表 500 V）	≥5 MΩ
		冷却检查	电机通风正常	正常
			电机冷却风扇	工作正常
			电机冷却液泵	工作正常，冷却液位在规定范围内
			冷却管路	接头无渗漏，管路无破损
2	动力电池	动力电池系统	系统连线	各部位线路固定可靠、整齐
			温度	温度采集数据正常
			单体电压	单体电压集数据正常，电压在规定范围内
			总电压	系统总电压在规定范围内

续表

序号	系统	项目	作业内容	技术要求
2	动力电池	电池箱	冷却风扇工作状态	工作正常
			通风冷却滤网除尘	滤网无堵塞，箱体内无灰尘
			高压线束连接端紧固	连接牢固、可靠
			箱体安装固定检查	螺栓紧固力矩符合要求
		绝缘检查	正级（输入、输出）对车体绝缘电阻（绝缘表 500 V）	≥550 MΩ
			负极（输入、输出）对车体绝缘电阻（绝缘表 500 V）	≥550 MΩ
		高压配电箱	高压零部件工作状态	高压零部件工作正常
			绝缘电阻（绝缘表 1 000 V）	≥550 MΩ
3	高压附件系统	电动转向	工作状况	高压上电状态下正常工作
			DC/AC 输入、输出电压	符合产品说明书要求
		电动空压机	工作状况	高压上电状态下正常工作
			DC/AC 输入、输出电压	符合产品说明书要求
		电动真空助力器	工作状况	高压上电状态下正常工作
			DC/AC 输入、输出电压	符合产品说明书要求
		充电系统（DC/DC 变换器）	工作状况	高压上电状态下正常工作
			DC/AC 输入、输出电压	符合产品说明书要求
		电动空调压缩机	工作状况	高压上电、空调制冷状态下正常工作
		暖气制热系统	工作状况	高压上电、暖气制热状态下正常工作
		绝缘检查	各附件系统的高压线束	连接可靠、无破损
			各高压系统输入、输出对车体绝缘（绝缘表 500 V）	电阻≥5 MΩ

在进行纯电动汽车二级维护保养作业时，还应始终贯穿过程检验，并记录二级维护作业过程或检验结果，维护项目的技术要求应符合技术标准和车辆维修资料等相关技术文件规定。二级维护竣工后，应根据国家技术标准进行竣工检验，并填写二级维护竣工检验记录单。

任务准备

实训整车、相应工具、安全防护装置。

任务训练

实操步骤：

（1）车辆工位、设备工具准备。配套安全防护设备及日常检查常用工具，车辆安全停放于举升工位，如图 6-2-1 所示。

图 6-2-1　车辆、工具准备

（2）动力舱内检查，具体检查内容如下：

① 检查散热器储液罐液位，应在高、低位刻度线之间；检查冷却系统有无泄漏现象，如冷却液过少，则需添加与原车型号相同的冷却液，无须添加任何混合剂，如图 6-2-2 所示。

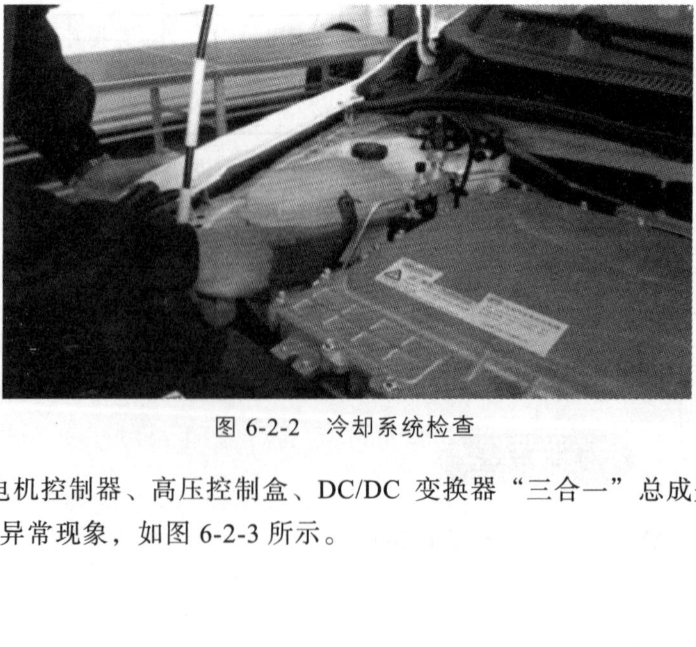

图 6-2-2　冷却系统检查

② 检查电机控制器、高压控制盒、DC/DC 变换器“三合一”总成是否有漏液、磕碰、变形等异常现象，如图 6-2-3 所示。

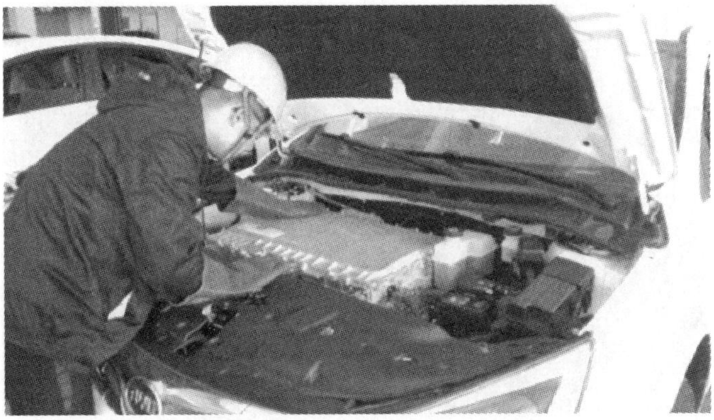

图 6-2-3　“三合一”总成检查

③ 检查高压线束及插接件有无松动、烧蚀、氧化等异常现象，如图 6-2-4 所示。

图 6-2-4　高压线束及插接件检查

④ 检查 EPS 和 ECU 连接线束、插接件及搭铁点有无松动、变形、老化等异常现象，如图 6-2-5 所示。

图 6-2-5　连接线束、插接件检查

⑤ 检查充电口有无异物、烧蚀等异常情况，如图 6-2-6 所示。

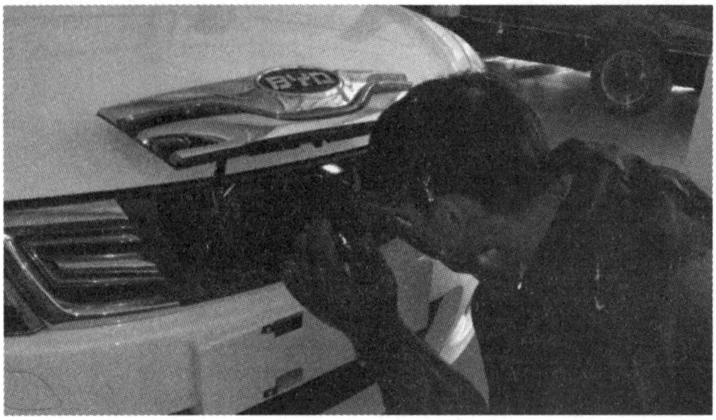

图 6-2-6　充电口检查

⑥ 更换空调滤清器。

（3）车辆底盘检查，具体内容如下：

① 检查车辆底盘紧固螺栓，如图 6-2-7 所示。

图 6-2-7　底盘紧固螺栓检查

② 检查制动盘、制动片、制动软管、制动钳总成及导向销，并更换制动液；检查车轮轴承有无游隙，如图 6-2-8 所示。

图 6-2-8　制动系统检查

③ 检查转向横拉杆及球头；检查传动轴、防尘罩及前后悬架总成，如图 6-2-9 所示。

图 6-2-9　转向及悬架系统检查

④ 检查动力电池托盘及防撞杆。

⑤ 检查轮胎气压、磨损状况，检查轮胎轴承状况，进行轮胎调换及定位。

（4）驾驶舱内检查，具体如下：

① 检查仪表板工作指示灯、各功能开关、安全带等相关部件，检查制动踏板及驻车制动工作是否良好。

② 读取车辆信息，检查是否有故障码，如图 6-2-10 所示。

图 6-2-10　车辆故障码检查

（5）车辆外观检查。检查车辆外观有无变形、腐蚀，检查灯光及信号指示系统工作是否正常。

任务拓展

特殊条件下纯电动汽车驾驶及操作注意事项

一、夏季用车注意事项

（1）雨季行车前应先做好行车前检查，主要检查雨刷器、车辆空调除雾功能是否正常。

（2）雨天行驶速度尽量不要超过 60 km/h，暴雨尽量不要行驶，车速不应超过 20 km/h。

（3）在雨季行驶时，如遇车辆发生故障无法行驶，应当靠边停车，将三脚架摆放好等待救援，严禁自行维修。

（4）在泥泞路面行驶时，不要猛踩加速踏板，以免发生侧滑。

（5）勿驶入深水中，以免发生漏电短路事故。

（6）当车辆被积水浸泡时，不要考虑继续行驶，应迅速断电并离开车内，尽量不要与车身金属接触，以免发生触电。

（7）避免高温充电。因动力电池的温度特性，夏季车辆高速行驶后，建议停放 30 min 后，在阴凉通风处进行充电。

（8）暴雨打雷时尽量不要充电。车辆在雨天或者在地势较低的地方充电时，下雨后应终止充电，以免积水升高超过充电口发生短路。

（9）避免车辆暴晒。建议将车辆停放在阴凉通风处，以防车内温度过高，造成安全隐患。

特别注意，前机舱严禁使用高压水枪清洗，严禁用高压水枪直接从前格栅向机舱内喷水。

二、冬季用车注意事项

（1）纯电动车辆在冬季低温行驶后，建议及时充电，避免因长时间停驶导致动力电池温度低，造成用电浪费和充电延时。

（2）车辆充电时，建议尽量将车辆停放于避风朝阳且温度较高的环境。

（3）充电时预防雪水淋湿充电接口，更不要将充电插头直接暴露在雪水下，防止发生短路。

（4）为避免因冬季气温较低导致充电异常等情况的出现，建议在车辆充电开启后检查车辆充电是否开启。检查充电桩充电电流，若充电电流达到 12 A 以上，充电已开启。

三、车辆起火

车辆行驶中机舱电器起火，主要原因为电机控制器出现故障、元件温度失控起火、电线接头接触不良、通电时因电线绝缘层破损及动力电池内部故障起火等。

当出现车辆起火时，按照如下步骤冷静处理起火事故：

（1）迅速停车。

（2）切断电源。

（3）取下随车灭火器。

（4）依据实际情况采用不同灭火方式。

参考文献

[1] 臧杰. 新能源汽车[M]. 北京：机械工业出版社，2013.

[2] 徐斌. 新能源汽车[M]. 北京：人民交通出版社，2015.

[3] 王刚. 新能源汽车[M]. 北京：清华大学出版社，2015.

[4] 陈媛玉. 新源汽车小百科[M]. 北京：机械工业出版社，2016.

[5] 马德粮. 新能源汽车技术[M]. 北京：清华大学出版社，2017.

[6] 李瑞明. 新能源汽车技术[M]. 北京：电子工业出版社，2014.

[7] 吴荣辉，李颖. 新能源汽车认知与应用[M]. 北京：机械工业出版社，2018.

[8] 焦传君. 新能源汽车使用与维护[M]. 北京：机械工业出版社，2018.

[9] 李楷. 新能源汽车维护与保养[M]. 北京：中国发展出版社，2018.

[10] 包丕利. 新能源汽车维护与保养[M]. 北京：机械工业出版社，2018.

[11] 裘玉平. 新能源汽车维修[M]. 杭州：浙江科学技术出版社，2018.

[12] 蔡兴旺. 新能源汽车结构与维修[M]. 北京：机械工业出版社，2014.

[13] 包科杰，徐利强. 新能源汽车维护与故障诊断[M]. 北京：人民交通出版社，2017.

[14] 宋广辉，陈东. 新能源汽车维护与故障诊断[M]. 北京：机械工业出版社，2018.

[15] 顾惠烽. 新能源汽车维修入门全程图解[M]. 北京：化学工业出版社，2019.